JN434097

FLAIR & CLASSIC

21세기 바텐더와 칵테일 실무

한 상 진 / 著

기문사

PROLOGUE

근대의 식문화에 있어 '마신다' 라는 개념은 '식사' 라는 기본 틀 내에서 결코 빠뜨릴 수 없는 중요한 메카니즘임에도 불구하고 조연(助演)적인 역할에 충실할 수밖에 없었고, 음료문화 역시 우리나라 사람들의 인식 속에서 조금은 천대(賤待)를 받아왔던 것도 사실이다. 허지만 이제는 바(bar), 혹은 음료시장도 거대한 국내 외식시장 내에서 당당히 독립적인 형태의 '규모의 경제' 를 실현하고 있고, 또 독자적인 식문화로서의 주된 역할을 온전히 감당할 수 있게 되었다.

허지만, 다분히 변덕스러운 고객의 성향과 욕구(Needs)에 맞추어 마케팅적으로 접근하려는 오늘날의 외식시장의 동향에 반(反)하여 아직도 대부분의 바텐더나 음료 관련 사업자들은 새로운 변화와 트랜드(Trend)에 맞서 전략적인 대응책을 간구하기보다는 아직까지도 보수적 사대주의 성향이 더 짙게 베어있는 듯 하다. 그렇기에 과거 서양에서 전해진 문화와 지식의 틀에서 좀처럼 벗어나려 하지 않고 진보된 기술과 변화된 환경을 그러한 룰(Rule) 속에 포함시키려는 노력도 상당히 인색한 듯 싶다. 그것은 마치 '정통' 이라는 칼자루를 쥐고 효용과 이치(理致)의 정당한 명분을 가진 새로운 도전자들의 시도와 패기를 권위와 원칙만으로 무릎 꿇게 하려는 사대주의자들의 행동과 별반 다를 바 없는 것이다.

본인은 가끔 '그 바텐더는 정통바텐더가 아니다', '그건 정통 칵테일이 아니다' 라는 식의 말을 종종 듣곤 한다. 허지만 그때마다 그건 굉장히 모순된 표현이 아닐까하는 생각이 들곤 한다. 물론 정통성 그 자체를 폄훼하거나 부정하기위한 견해는 아니다. 다만 진정한 정통성이란 단지 과거의 것만 무조건 지키고 보호한다고 해서 계승되고 발전되는 것이 아니라 그것의 존재목적과 이상(理想)에 부합되는 새로운 가치를 끊임없이 추구해 나갈 때만이 올바른 의미를 지닌다고 할 수 있을 것이다.

이 책에 등장하는 'Flair Bartender, Classic Bartender, Flair Cocktail, Classic Cocktail' 등의 용어는 전문 바텐더들에게조차 다소 생소하게 느껴지는 단어일지도 모른다. 그것은 사실상 이들을 따로 분류하여 설명할 수 있는 명확한 분류기준을 제시할 수 없었고, 또, 애써 서로 구분지어 생각할 필요성도 못 느꼈었기 때문이다. 허지만 이런 용어들을 인정하지 않았던 이유가 거기에만 있었을까? 어쩜 그것은 '바텐더' 라는 하나의 공동체 안에서 칵테일이라는 동일 상품을 놓고 같은 동료들 사이에 '플레어 바텐더가 진짜 바텐더이다' 라든지 '클래식 칵테일이 훨씬 맛있어' 라는 식의 이질감 내지는 우월감을 심어주어 서로 반목(反目)하는 오해의 소지를 낳지는 않을까 하는 우려에서 그 당위성을 애써 무시하여 왔었던 것인지도 모른다. 허지만 분명한 것은 이들은 이미 존재하고 있고, 각각의 고유영역에서 전문화되고 또 산업화되고 있

으며, 더욱이 시장(Market)에서는 이러한 변화의 흐름을 이전부터 준비하고 받아들였다는 사실이다.

그것은 칵테일을 만들기 위한 여러 도구나 기물만 살펴보더라도 알 수 있다. 플레어 바텐더들을 위한 쉐이커, 병, 글라스, 오프너, 유니폼, 심지어 손가락 보호대에 이르기까지 갖가지 편의 도구들이 무수히 쏟아져 나오고 있는 것이다.

따라서 이제는 편협한 기우(杞憂)를 가진 배타적이고 보수적인 인상의 고집스런 바텐더의 모습은 버리고 시장의 변화에 능동적이고 적극적으로 대응해 나갈 수 있는 전문가다운 세련미를 가져야 한다. 나아가 바(bar)와 바텐더 분야에 있어서도 세분화, 전문화가 이루어져 고객에게는 자신의 취향에 맞는 장소를 쉽게 고를 수 있는 선택의 폭을 넓혀주고 바텐더에게는 애초부터 자신의 성격과 적성에 맞는 진로를 선택하여 그 분야에서 통용되는 보다 전문적인 지식과 기술 그리고 직업적인 마인드를 습득할 수 있게 하여야 한다.

그런 방향에서 이 책은 클래식(Classic)과 플레어(Flair)분야를 따로 분류· 정의하여 각 분야에서 실질적으로 필요한 기술과 노하우를 쉽게 풀이하여 설명해 놓았다. 아무쪼록 바텐더를 미래의 직업으로 생각하고 있는 사람들에게나 또는 현직에 종사하

고 있는 많은 바텐더들에게 미력하나마 보탬이 될 수 있는 자료로 남게 되길 소망해 본다.

마지막으로 본 책의 출간에 앞서 마음 한 구석에 아쉬움으로 남는 것은 플레어(Flair)에 대한 사전 연구 자료들이 많지 않다보니 보다 실증적인 고찰이 미흡했다라는 점을 인정하고 싶다. 앞으로 이 분야에 대한 많은 도전과 연구가 이루어져 바텐더라는 직업에 있어 미래 산업사회에 올바로 적응하는 성공적인 직업관이 자리잡게 되기를 기도해 본다.

끝으로 이 책이 나오기까지 수많은 우연과 인연의 끈을 맺게 해 주신 하나님께 이 모든 영광을 돌리고, 늘 믿음과 사랑으로 기다려 주셨던 아버지, 어머니, 그리고 사랑하는 동생 상운, 상원. 특히 부족한 제자를 위해 늘 격려와 조언을 아끼지 않고 함께 해 주셨던 우송정보대 장 인식 교수님께 감사드립니다. 또한 바쁜 일정 중에도 사진 촬영에 적극적으로 응해 준 승복이 소희에게도 고맙다는 인사를 전하며 지면을 통해 일일이 다 들어내진 못해도 제 마음속에 있는 모든 분들과 감사의 마음을 함께 나누고 싶습니다.

CONTENTS

제1장

바(bar)와 바텐더

- 1절 Bar란 무엇인가
- 2절 Bar의 출현
- 3절 바텐더의 정의와 역할
- 4절 바텐더의 서비스
- 5절 바텐더의 근무수칙

학습 POINT

1. 바(Bar) 경영에 있어 바텐더(Bartender)의 책임과 역할은 무엇인가?
2. 고객을 대하는 바텐더(Bartender)의 올바른 서비스는 무엇이 있겠는가?
3. 바(Bar) 경영에 있어서 원료비 관리 및 매출액 증대 방안은 무엇이 있겠는가?
4. 근무 중 바텐더(Bartender)의 근무수칙에 대해서 알아본다.

제1장
바(bar)와 바텐더

1절 Bar란 무엇인가?

바(bar)라는 개념은 프랑스어의 'Bariere' 라는 단어에서 유래된 말로 본래는 옛날 유럽의 선술집 앞에 손님의 말을 메어두기 위해서 만든 말뚝의 가로 대 -이를 테면 오늘날의 주차장과 같은 개념-를 일컫는 것이었는데, 점차 손님과 바텐더 사이에 가로 놓인 널빤지를 가리키는 의미로 발전하였다가 오늘날에는 술을 판매하는 주장의 한 형태로서 그 의미를 가지게 되었다.

즉, 바(bar)란 카운터가 설치된 술집으로 그 안에서 근무하는 바텐더에 의해 음료가 제조되고 또 고객에게 제공되어지는 장소를 말하는데 오늘날에 이르러서는 단순히 음료를 판매하는 곳으로서의 역할뿐만 아니라 사교나 비즈니스(Business) 등의 장소로서 이용되며 다양한 편의 시설과 다채로운 분위기를 연출해내어 고객에게 편안함과 휴식을 제공하는 곳으로 변모하였다.

바(bar)의 종류에 있어서도 그러한 고객의 필요와 요구에 맞추어 업태에 따라 다양한 형태로 등장하게 되는데, 크게 호텔이나 스카이 라운지같은 조용하고 고급스러운 분위기의 클래식 바(classic bar)와 비교적 젊은 층의 기호에 맞추어 다이나믹하고 역동적인 분위기를 자아내는 플레어 바(flair bar)로 나누어 볼 수 있다.

2절 Bar의 출현

초기의 바(bar)는 오늘날의 주장의 한 형태로서의 의미와는 사뭇 다른 '판매대'의 역할에 충실했었다.

그것은 구매자와 판매자가 바(bar)를 사이에 두고 서로 간에 관계를 맺는 경계의 물질적 표시였던 것이다.

허지만 바(bar)가 이러한 상업적인 의미와는 다르게 점차 술집으로서의 독립적 의미를 갖게 되는 데는 그리 오랜 시간이 걸리지 않았다.

19세기 초 영국 대도시의 술집 소위 '브랜디 궁전'이 출현함으로써 바(bar)의 의미와 기능은 좀 더 명확하게 자리 잡게 되는데, 즉 브랜디가 그 높은 알코올 도수 때문에 도취의 과정을 신속하게 한다면, 바(bar)는 술 마시는 사람이 술집에 머무르는 시간을 신속하게 줄이는 기능을 충실히 해 내었던 것이다.

19세기 초 맨체스터와 다른 영국의 공업도시에서 버섯처럼 솟아오른 브랜디 궁전들은 바(bar)로 인해 컨베이어 벨트와 비슷한 음주공장이 되었는데, 이곳에서는 한 시간에 400여명의 손님을 처리했고 런던에서 가장 큰 14개의 브랜디 궁전들은 1주일에 27만 명의 손님을 접대했다고 한다. 그러한 숫자는 한 대도시의 총 인구와 맞먹는 것이었다고 하니 당시 바(bar)의 인기가 얼마나 대단했었는가 하는 것을 가늠해 볼 수 있다.

이렇듯 바(bar)는 넘쳐나는 고객에 대한 시간과 공간의 효율적인 통제를 통해 술집에서 질적으로 새로운 종류의 교통량을 가능하게 했고 철도가 여행을, 그리고 방직기가 섬유생산을 가속화했던 것처럼 술마시는 것을 가속화시켰으며 오늘날은 영국과 미국을 비롯한 세계 각국에서 판매대가 아닌 주장의 한 형태로서 바(bar)를 쉽게 접할 수가 있게 되었다.

3절 바텐더의 정의와 역할

'Bartender' 라는 단어는 미국에서 생겨났으며, 'Bar(주장)' 과 'Tender(돌보는 사람)' 라는 단어의 합성어이다. 즉, 주장을 돌보는 사람을 '바텐더' 라고 하는데 일명 'Barman' 혹은 'Barkeeper' 라고도 부른다.

칵테일의 황금기라고 일컫는 미국 금주시대에 합법적인 일자리를 잃어버린 바텐더들은 불법으로 영업하는 지하 술집(speak easy)에 스며들거나 대부분 유럽으로 일자리를 찾아 떠나게 되는데 이를 계기로 유럽 전역에 바(bar)문화가 퍼져나가게 되고 세계적으로 보편화되어져 오늘날 'Bartender' 는 세계 공통어로 쓰이게 되었다.

사전에서 바텐더의 의미를 찾아보면 '바(bar)의 카운터에서 주문을 받고 칵테일을 조주하는 사람' 이라고 정의되어 있다. 허지만 실제로 바텐더는 단순히 조주기술자로서의 역할 뿐만 아니라, 접객관리자나 주장관리자로서의 책임도 함께 수행해야 함으로 끊임없는 자기 개발의 노력이 필요하다.

1 조주기술자로서의 바텐더

1) 칵테일의 기술

고객의 기호에 맞는 칵테일을 조주하거나 추천하는 일은 바텐더라면 무엇보다 우선적으로 해야 할 중요한 임무이다. 그래서 바텐더를 달리 '조주기능사' 라고 부르고 있는 것이다.

조주기능사로서 바텐더의 첫 임무를 어떻게 하면 훌륭하게 완수해 낼 수 있을까? 모든 음식이 다 그러하듯 칵테일을 조주하는데 있어서도 가장 중요하게 생각해야 할 것은 '맛' 이다. 즉, 칵테일을 '맛있게 만드는 것', 이것이 곧 칵테일의 기술인 것이다.

하지만 여기서 말하는 '맛' 이란 의미는 칵테일 그 자체의 '맛' 인 것이지 바텐더나 고객의 입맛에 맞추어 상황에 따라 변화시킨다는 의미는 아니다. 쉽게 말해서 마티니는 '마티니의 맛' 이어야 하고 진토닉은 '진토닉의 맛' 이어야 한다는 것이다.

따라서 바텐더는 칵테일에 필요한 모든 재료의 특징이나 맛을 알고 있어야 함은 물론 다양한 종류의 칵테일을 모두 숙지하여 고객으로 하여금 '내 입맛에 맞는 최고의 칵테일' 을 제공받았다는 신뢰를 주어야 한다.

2) 레시피(recipe)에 의한 조주

바텐더는 항상 레시피(recipe)에 의해서 칵테일을 조주해야 하는데 그 첫 번째 이유는 동일한 칵테일의 맛을 유지하기 위해서이다. 만일 마티니의 맛이 만드는 바텐더마다 각기 다른 맛을 낸다면 고객은 그 칵테일에 대해서 신뢰를 가질 수가 없을 것이고 나아가 바텐더의 자질까지도 의심하게 될 것이다. 두 번째 이유는 원가관리를 통한 경영의 합리화에 있다.

표준 원료비(표준메뉴로 결정된 원료비)와 실제원료비(실제로 제공된 비용)의 차이를 최소화함으로써 손실(loss)을 최대한으로 줄일 수 있고 전체 매출에 대한 원가 비율을 일정하게 유지시켜 운영관리를 효율적으로 해 나갈 수 있기 때문이다.

2 접객관리자로서의 바텐더

1) 바텐더는 곧 접객자이다

일반음식점의 조리사들과는 달리 바텐더는 고객이 주문한 음료를 직접 조주도 하지만 그 고객을 상대로 접대도 해야 하는 업무특성이 있다.

따라서 깨끗한 복장과 상냥한 말투, 친절한 서비스 자세 등을 모두 갖춰야 함은 물론 고객과의 매끄러운 대화를 이어나가기 위해서 사회, 경제. 문화, 스포츠 등의 다양한 상식을 두루 갖추고 있어야 한다. 이를 위해 신문이나 잡지 TV나 라디오 등의 각종 매스미디어를 늘 가까이하고 더 많은 정보를 얻기 위해 끊임없는 노력을 기울려야 한다.

2) 카운셀러

고객과의 대화에서는 바텐더가 많은 지식을 가지고 상대를 이끌어가는 것도 중요하지만 이것보다 더 중요한 것은 고객의 말을 잘 들어주려는 자세에 있다.

물론 많은 지식과 여러 고객을 접하면서 쌓여진 많은 경험을 가지고 상대방에게 충고나 조언을 해 줄 수도 있겠지만 이럴 때는 그 고객이 바텐더의 이러한 조언을 받아 들일 준비가 되어 있는지를 먼저 신중하게 고려해 본 후 하는 것이 좋다.

허지만 가장 좋은 방법은 '훌륭한 바텐더는 말을 잘하는 사람이 아니라, 잘 들어주는 사람이다' 라는 말처럼 상대방의 고민을 진심으로 잘 들어 주는 것이라 하겠다.

3 주장 관리자로서의 바텐더

1) 중간관리자적의 입장

바텐더는 조직 내에서 다른 바텐더와 원만한 관계를 유지해야 하는데 이를 위해서는 업무 분담을 통해 권한과 책임의 한계를 분명히 하고 명령체계를 일원화하여 업무에 혼돈을 없애야 한다. 또한 팀웍(Team work)이 깨지는 일이 없도록 상대방의 의견을 존중하고 서로 간에 지켜야 할 최소한의 매너와 에티켓을 갖추도록 노력해야 한다.

2) 경영자적 입장

기업의 가장 궁극적인 목표는 이윤추구에 있다. 기업의 수익이 많아진다는 것은 그만큼 관리자로서 바텐더의 능력을 인정받게 되는 것이고 그에 따른 경제적 보상이 상향된다는 것을 의미한다. 따라서 기업이 더 많은 이익을 올릴 수 있도록 적극 노력해야 하는데, 이러한 경영자적 입장에서 해야 할 바텐더의 역할은 무엇보다 투철한 원가의식을 갖고 제반 경비지출의 통제와 구매방법, 재고관리 등의 체계화를 통해 업장의 실질적 운영에 따른 상품의 손실(loss)을 줄이고 매출증대를 위한 판매촉진 방안을 끊임없이 모색해야 하는 것이다.

4 바텐더의 서비스

1) Smart

바텐더는 바(bar)의 얼굴이다. 즉 고객이 바(bar)에 들어서는 순간부터 떠나는 그 순간까지 매 순간을 고객과 마주대해야 하는 사람이 바텐더이니 만큼 밖으로 표출되어지는 모습에 각별히 신경써야 한다.

그러므로, 단정한 용모와 세련된 말투, 절제된 행동 등은 고객들로 하여금 바텐더의 카리스마를 더욱 돋보이게 할 것이다.

2) Expert

단순히 레시피(recipe)데로 칵테일을 조주하거나 음료를 서빙했다고 해서 바텐더의 할 일을 다 했다고 할 수는 없다. 주장의 관리자답게 영업적인 측면이나 관리적인 측면에서 전문가의 기질을 발휘하고 자신만의 지식의 틀을 갖추어 놓아야 한다.

3) Reading

바텐더는 가계 각층의 고객들과 늘 다양한 화제 거리를 가지고 대화를 나누게 되니 폭넓은 상식과 견문을 갖추고 새로운 정보를 습득하려는 노력에 있어 아낌없는 투자를 해야 한다.

4) Vocation

다른 사람을 즐겁고 편안하게 해 주려는 노력은 모든 서비스 맨들이 갖추어야 할 기본적인 덕목이다. 특히 바텐더는 늘 다른 사람의 걱정이나 고민을 들어주고 진심으로 공감해 주는 사람이다 보니 바(bar)는 어느새 일상에 지친 사람들의 편안한 쉼터처럼 여겨진다.

가끔 이런 바텐더의 모습을 의사의 그것과 비유하는 것은 가치 있는 일에 대한 투철한 사명감이 없이는 훌륭한 바텐더가 될 수 없다는 표현일 것이다.

누구나 바텐더가 될 수는 있겠지만, 아무나 바텐더가 될 수 있는 것은 아니기 때문이다.

5) Information

동일한 상권 내에 위치해 있는 타 경쟁 업체의 동향을 파악하고 그 업체의 장·단점을 분석하여 현재 자신이 근무하고 있는 바(bar)의 관리상태와 비교해 봄으로써 미흡한 점을 도출해 낼 수 있고, 또 이를 보완해 나가는 과정에서 전문가로서의 경험을 쌓아 갈 수 있다.

6) Cautious

바(bar)에서 근무하는 바텐더는 몇 가지 경계해야 할 규칙들이 있는데, 미성년자에게 술을 팔지 않는다거나 고객에게 등을 보이지 않을 것, 고객끼리의 대화에 함부로 끼어들지 말아야 하며, 여자 손님과 같이 온 단골 고객에게는 먼저 아는 척하지 않는다는 등의 룰(rule)이 그것이다.

이외에도 꼭 지켜야 할 여러 조항들을 숙지하여 이를 준수한다면, 바(bar)에서 생길 수 있는 불미스런 문제들을 미리 예방할 수 있다.

7) Ending

고객에게는 첫 인상과 마지막 인상이 가장 많이 기억되기 마련인데, 고객이 바(bar)에 머무르는 동안 바텐더에게 최상의 서비스를 받았다 하더라도 마무리가 완전하지 못하면 좋은 인상을 가지고 다시 방문을 해 주리라는 기대는 하기 어렵다. 따라서 고객이 계산을 마치고 바(bar)를 떠나는 그 순간까지 고객을 향한 긴장의 끈을 놓아서는 안 될 것이다.

5 바텐더(Bartender) 근무수칙

우수한 바텐더(Bartender)는 손님이 우리 집에 초대된 환영받는 손님과 같은 기분을 느낄 수 있게 뛰어난 서비스를 제공하는 것을 목표로 한다. 이러한 목적을 달성하기 위해서는 다음과 같은 근무수칙을 철저히 숙지하고 이를 수행함으로서 손님의 불평을 최소화하고 혹여 일어날 수 있는 불미스런 상황을 미연에 방지하도록 한다.

1. 언제나 활기차고 명랑한 분위기의 근무조건을 이루며 손님이 항상 옳다는 것을 기억해야 한다.
2. 미성년자에게 절대로 술을 팔아서는 안 된다.
3. 손님이 음주운전을 하지 않도록 해야 한다.
4. 절대로 주머니에 손을 넣어서는 안 되며, 손님에게 등을 보거나 취식하는 모습을 보여서는 안 된다.
5. 금이 간 잔에 음료를 서브해서는 안 되며 즉시 폐품처리 해야 한다.
6. 입 냄새가 나지 않게 식후 항상 양치하여 손님에게 불쾌감을 주어서는 안된다.
7. 음주 상태로 근무하지 말아야 한다.
8. 스탠딩(Standing) 근무를 원칙으로 하며 손님과 동석을 한다거나 자리에 앉아 있는 모습을 손님에게 보여서는 안 된다.
9. 손님에게 항상 화목하고 즐겁게 일하고 있음을 느끼게 해 주어야 한다.
10. 절대로 근무 중 음성을 높이지 말고 침착하게 행동해야 한다.
11. 먼저 온 손님의 주문을 응하고 있을 때 새로운 손님이 오시면 눈짓이나 손짓으로 주문이 끝나면 곧 맞이하겠다는 표시를 해야 한다.
12. 손님과 대화를 나누던 중 새로운 손님이 오시면 대화를 나누던 손님에겐 양해를 구하고 새로 오신 손님의 주문에 응해야 한다.
13. 손님과의 대화가 지루한 내용일지라도 반드시 진지하게 들어 주어 손님에게 충실하고 있다는 느낌을 주어야 한다.
14. 정확한 레시피(Recipe)를 준수하여 어느 바텐더에게도 변함없는 맛을 느낄

수 있게 음료를 제공해야 한다.

15. 자기가 서브한 손님의 이름이나 좋아하는 음료를 기억하여야 하며 다른 바텐더에게도 소개해 주어 비번인 근무자가 아니어도 항상 자기를 기억해 주는 곳이라 인식하게 하여야 한다.
16. 음료가 잘못 제공되었을 땐 정중히 사과하고 새로운 음료로 조주하여 주어야 한다.
17. 남녀동반의 손님에겐 여성의 주문을 먼저 받는다.
18. 잘 아는 손님이 다른 손님과 동반하여 모른 체할 때에는 절대로 아는 체 하지 말고 반가운 인사로써 책임을 다한다.
19. 상사와 동반한 손님에겐 상사의 주문을 먼저 받는다.
20. 음료의 강약, 맛을 물어보아 손님에게 충실하다고 느끼게 해야 한다.
21. 손님끼리 대화를 나눌 때에는 엿듣거나 대화에 간섭하지 말아야 한다.
22. 너무 한 부분의 손님에게 치중하여 다른 손님이 소외감을 느끼지 않게 해야 한다.
23. 손님과 대화 시 정치문제, 종교문제, 타인에 대한 비난 등의 이야기를 금하며 손님과는 언쟁의 유무 및 승패가 있을 수 없다.
24. 주문을 받았을 땐 반드시 반복해서 주문내용을 확인해야 하며 추가 주문 여부를 물어봐야 한다.
25. 음료가 반 이상 비워지면 추가주문(Second Order) 여부를 물어봐야 한다.
26. 바쁜 사람인가 혹은 비즈니스 맨, 관광객, 부유층, 서민층, 가족, 연인, 혼자 온 사람, 생일인 사람 등의 사항에 집중하여 서브해야 한다.
27. 빈병은 반드시 주장 내에서 처리하며 손님이 들고 나가는 일이 없도록 해야 한다.

토의문제

1. 초창기 바(Bar)와 오늘날의 바(Bar)의 차이점에 있어 역할의 변화를 비교해 보자.
2. 오늘날 바(Bar)의 종류와 각각의 특성을 비교해 보자.
3. 주장 내에서 일어날 수 있는 여러 가지 상황이나 불평에 대한 처리 방안에 대해 생각해 보자.
4. 바텐더(Bartender)와 고객과의 관계에 있어 바람직한 모습은 어떤 것인가?

제2장

칵테일의 개요

- 1절 칵테일의 정의
- 2절 칵테일의 어원
- 3절 칵테일의 역사
- 4절 칵테일의 분류
- 5절 칵테일의 재료
- 6절 칵테일의 기구와 글라스
- 7절 칵테일의 조주기법
- 8절 칵테일의 장식

학습 POINT

1. 칵테일의 정의와 목적은 무엇인가?
2. 칵테일에 사용되는 각종 기구와 글라스의 명칭 그리고 용도를 정확히 파악한다.
3. 알코올 도수표시법과 계산법, 도량법을 숙지한다.
4. 음료의 정의와 분류 그리고 각 알코올성 음료별로 특성을 파악한다.
5. 칵테일의 기본 조주법에 있어 그 특징과 그 밖의 조주법과의 차이를 정확히 파악한다.

제2장
칵테일의 개요

1절 칵테일의 정의

일반적으로 술에 아무것도 섞지 않고 술 그 자체만으로 마시는 것을 '스트레이트' 라고 하고 술에 다른 술이나 청량음료 혹은 영양음료 등의 무알콜음료를 섞어서 마시는 것을 '혼합음료' 또는 '믹스 드링크(Mixed drink)' 라고 하는데, 이것을 흔히 '칵테일' 이라고 부르고 있다. 허지만 모든 브랜디를 '꼬냑' 이라고 부를 수 없듯이 칵테일 역시도 혼합음료 중의 하나일 뿐 그 자체는 아니다.

좁은 의미의 칵테일은 쉐이커(Shaker)나 믹싱 글라스(Mixing Glass)를 사용하여 조주한 음료를 칵테일글라스에 담아 제공되는 것을 말한다. 다시 말해 마티니(Martini)나 바카디(Bacardi) 혹은 맨하탄(Manhattan)처럼 칵테일 글라스에 담겨져 제공되는 칵테일은 이름 뒤에 '칵테일' 이라고 붙여 사용해도 무방하지만 진 피즈(Gin Fizz)나 진 리키(Gin rickey), 위스키 사워(Whisky Sour) 등의 칵테일은 '피즈', '리키', '사워' 가 '칵테일' 과 같은 의미로 사용되기에 이름 뒤에 붙여 사용하지 않는다. 즉 '진 리키' 를 '진 리키 칵테일' 이라고 부르지 않는 것이다.

넓은 의미의 칵테일이란 두 종류 이상의 주재료(술)와 부재료(시럽, 과즙, 쥬스, 우유, 탄산음료 등)를 사용하여 색(color), 맛(taste), 향(flavor)이 잘 어울리도록 조화롭게 혼합하여 만든 음료로서 알콜성(alcoholic) 칵테일과 무알콜성(non alcoholic) 칵테일의 두 종류로 나누어 볼 수 있다. 허지만 이러한 정의는 '혼합' 그 자체만을 가지고 '칵테일' 이란 이름으로 미화시키려는 억지스러움을 지우기 힘들다.

따라서 칵테일이라 부를 수 있는 좀 더 명확한 기준을 제시 할 필요가 있는데, 술의 권위자인 미국의 David. A Embury는 'The Fine art of Drinks' 라는 그의 저서에서 칵테일을 이렇게 이야기하고 있다.

1. 칵테일은 식욕을 증진시키는 윤활유이다. 결코 식욕을 감퇴시키는 것이 되어서는 안 된다. 너무 단맛이나 쥬스가 과잉 혼합된 것은 이 정의에 의해 술자리에서 물러나야 한다.
2. 칵테일은 식욕과 동시에 마음도 자극하고 분위기를 만들어내는 것이 아니면 의미가 없다. 정성껏 만든 칵테일은 가장 훌륭한 음료이다. 긴장을 풀고 근육을 부드럽게 하고 피곤한 눈에는 다이아몬드와 같은 빛을, 혀에는 매끄러운 작용을 주고 우정을 높인다. 너무 강하거나 묽어지면 그와 같은 효과를 얻을 수 없다.
3. 칵테일은 아주 맛이 있지 않으면 가치가 없다. 그러기 위해서는 혀의 맛, 감각을 자극할 만한 샤프(Sharp)함이 바람직스럽다. 너무 단 것, 시큼한 것, 쓴 것이나 향기가 너무 강한 것은 실격이다.
4. 칵테일은 얼음에 잘 냉각되어 있지 않으면 안 된다. 손에서 체온이 전해지는 것이 두려워 일부러 손잡이(stem)가 달린 글라스를 이용하고 있는 것이다.

따라서 칵테일이라 부를 수 있는 보다 자세한 음료의 형태를 정의해 보자면 '두 종류 이상의 주재료와 부재료를 이용하여 stir, build, shake, blend등의 조주기법을 통해 혼합되고 냉각되어 음료의 시각적(color), 미각적 혹은 후각적(taste) 그리고 정서적(mood)인 목적을 조화롭게 이룬 혼합음료' 라고 정의할 수 있다. 그래서 혹자는 '칵테일은 가격을 마시는 것이 아니라 분위기와 예술적 가치를 마시는 것이다' 라고 하였는지도 모르겠다.

전자에서도 이미 밝혔듯이 같은 혼합음료라 하더라도 칵테일은 음료의 시각적, 미각적(후각적), 정서적 가치를 중요한 목적으로 여기는 반면 폭탄주는 알코올이 뇌에

주는 일종의 충격, 이를 테면 신경계의 마비나 환각 등의 효과를 가장 짧은 시간에 가장 효과적으로 최고치에 이르게 하기 위한 수단으로 응용하는 것이기에 그 목적이 다르다고 할 수 있다.

그러므로 '폭탄주'와 같은 형태의 혼합음료는 엄격히 말해 칵테일이라고 부를 수 없는 것이다.

2절 칵테일의 어원

칵테일이란 말은 영국에서 18세기에 생긴 속어인데 '꼬리를 세우고 있다' 라는 의미이다. 이 말은 처음엔 잡종 말 또는 어미 중 한쪽이 순수 혈종인 말을 의미했었으나, 더 나아가 승산이 없는 경마장의 말을 일컫는 뜻으로 쓰이기도 하였다.

그런데 어째서 그것이 음식의 이름이 된 것일까?

그것은 아마 '잡종' 이라는 뜻을 가지고 있는 이 단어가 이것저것 섞여진 혼합음료의 이미지를 좀 더 강하게 어필(appeal)하여 순수한 음료와의 명확한 구별을 꾀하기 위해서였을 것이다.

칵테일의 초기 처방은 19세기 영국 - 최초의 칵테일 책은 1860년 제리 토마스교수가 쓴 '봉 비방스 가이드(술 혼합법)' - 에서 생겼고 빅토리아 왕조와 영국 식민지 시대의 전성기의 산물인 듯 하다. 당시의 영국 사람들은 손님을 초대하면 식전주로 쉐리주(스페인산 강화와인)를 한 잔 마신 뒤, 보르도(프랑스 와인)를 마셨다. 식사 때에는 제조년도가 붙은 포트와인(포르투갈산 강화와인)을 음미하고, 그 뒤 입안을 가시기 위해 즐겨 마데라주(포르투갈 와인)를 마셨다.

그러나 클럽에서는 손님의 입맛에 맞도록 만들어진 혼합주가 잘 팔렸고 마시는 방법도 달랐다. 그들은 보르도를 사용하여 정성껏 만든 크라레 컵이나, 쉐리를 베이스로 탄 쉐리 코브라를 마셨던 것이다.

이들 혼합주를 넣어 내놓는 잔이 유서 깊은 트로피가 되는 경우도 종종 있어 최초에는 스포츠 경기의 우승배가 되었다. 19세기말에 많은 칵테일이 만들어진 기록이 있고, 그 중에는 오늘날에도 애용되고 있는 것이 몇 가지 있다. 코브라, 클러, 크라스터, 컵데이지, 픽스, 스립. 쥬랩, 포세, 펀치 리키, 상가리, 슬링, 스맷슈 등이 그것이다.

3절 칵테일의 역사

혼합음료(mixed drinks)로서의 칵테일의 역사는 기원전 5,000년 전으로 거슬러 올라가 살펴 볼 수 있다. 당시 이집트인들은 맥주에 물을 섞기도 하고, 대추나 야자열매를 넣어 마시는 습관이 있었다고 전해지며, 또한 그리스, 로마인들은 포도주에 물을 섞어 농도를 엷게 하여 마시기도 하고 아몬드나 향신료를 첨가하여 마시는 습관이 있었다고 한다.

기원 640년경에 중국의 당나라에서는 이미 와인에 말의 젖을 첨가한 유산균 음료가 애음되었다는 전설이 있고, 1180년에는 이슬람교인들 사이에서는 꽃과 식물을 물과 엷은 알코올에 섞어 마시는 것이 고안되었다고 한다. 그 후 18세기에 와서 영국 육군의 프랜시스 네가스라 하는 대위가 와인에 물과 사탕, 그리고 향료를 가한 혼성 음료를 창안하여, 이것에 자기의 이름을 붙여 'Negus' 로 명명하여 즐겨 마셨다고 하는데, 이 네가스 칵테일은 지금도 전해지고 있다.

이렇듯 혼합음료의 역사는 어쩌면 인류가 술이라는 음료를 처음 알게 되었을 무렵부터라고 해도 과언이 아닐 만큼 지극히 오랜 역사를 가지고 있다.

허지만 현재 오늘날 우리가 즐기는 대부분의 칵테일은 제조과정에서 얼음을 사용하는 찬 음료(cold drinks)라는 점을 감안할 때 현대적 의미의 칵테일의 기원은 독일 칼르 린데에 의해 인공냉동기가 발명된 1870년대로 봐야 옳을 것이다.

그 후 칵테일은 1920년대를 거쳐 1930년대에 이르는 동안 황금기를 맞게 된다. 당시 미국은 세계 1차 대전을 치룬 후 미국 전역에서 일기 시작한 금주운동이 급물살을 타자 정부에서는 드디어 1920년 1월 17일 '합중국 및 그 관할권에 속하는 모든 영토에 대해서 음용의 목적과 유사한 주정음료를 양조, 판매 혹은 운반하고, 그것을 수입 또는 수출하는 행위를 금지한다.' 라는 금주조항을 발효하여 본격적인 '금주시대' 를 선포하게 된다.

물론 이법은 미국 정부에서 금주를 통한 절제와 자제를 자국민들에게 강압적으로 요구한 것이지만, 오히려 밀조와 각종 파행을 낳게 된다. 그 대표적인 예로 '시카고 마피아의 대부 알카포네' 를 들 수 있다.

이 금주법의 가장 큰 모순은 술을 제조, 유통, 판매, 수입 혹은 수출하는 것은 불법으로 간주했지만 술을 마시는 사람은 특별한 제재를 가하지 않았다는 것이다.

때문에 많은 사람들이 지하 술집(speak easy)에 모여 앉아 금주법 이전에 자유롭게 마셨던 그들의 술 속에 다양한 형태의 변화를 주며 즐기게 되었고 그들의 그러한 음주습관을 전혀 눈치 채지 못하는 정부를 비웃기라도 하듯 그렇게 칵테일은 조금씩 대중 속으로 스며들게 되었던 것이다. 한편, 보다 합법적인 음주생활을 즐기고자 했던 사람들은 여행을 통해 바(bar)에서 술에 빠지는 주말(wet weekend)을 기획했는데 쿠바에서는 자유롭게 마실 수 있었기 때문이다.

이렇게 하여 하바나는 몇 년 내에 다이커리 큐반, 쿠바 리브레 등 칵테일의 도시가 되었다. 이렇듯 금주법을 통해 미국 전역에서 알콜을 근절시키려 했던 정부의 의도와는 달리 오히려 칵테일을 대중적인 음료로 자리 잡게 한 미국은 1945년 제 2차 세계대전 이후 코크(coke)의 보급으로 여성고객의 증가와 사회, 문화적 측면에서의 대중들의 요구로 인해 제2의 칵테일 전성기를 맞이하였으며 오늘날에 이르러서는 웰빙(well-being)과 같은 고객들의 새로운 취향과 선호도에 기여하는 음주 문화의 새로운 트랜드(Trend)로 각광받고 있다.

4절 칵테일의 분류

1 조주 방법에 의한 분류

❶ Flair Cocktail(플레어 칵테일) : 플레어적 요소가 가미된 칵테일

❷ Classic Cocktail(클래식 칵테일) : 플레어적 요소가 덜 가미된 칵테일

2 마시는 방법에 의한 분류

❶ Straight Drink(스트레이트 드링크) : 음료를 서로 섞지 않고 그대로 마시는 칵테일

❷ Mixed Drink(믹스드 드링크) : 두 가지 이상의 음료를 섞어서 마시는 칵테일

3 시간에 의한 분류

❶ Shot Drink(숏 드링크) : 10~15분 이내에 마셔야 제 맛을 즐길 수 있는 칵테일로 얼음이 들어가지 않는다. 용량이 3oz 미만의 칵테일

❷ Long Drink(롱 드링크) : 20~30분 이내에 마시며, 얼음이 다 녹기 전에 마셔야 한다. 용량이 3oz 이상인 칵테일

4 온도에 의한 분류

❶ Cold Drink(콜드 드링크) : 차게 해서 마시는 칵테일

❷ Hot Drink(핫 드링크) : 따뜻하게 해서 마시는 칵테일

5 계절에 의한 분류

❶ Summer Drink(썸머 드링크) : 여름에 마시기 좋은 시원한 칵테일로 콜드 드링크가 여기에 속한다.

❷ Winter Drink(윈터 드링크) : 겨울에 마시기 좋은 따뜻한 칵테일로 핫 드링크가 여기에 속한다.

6 알코올 유무에 의한 분류

❶ Alcoholic Cocktail(알코올 칵테일) : 알코올을 함유한 칵테일

❷ Non Alcoholic Cocktail(무알코올 칵테일) : 알코올을 함유하지 않은 칵테일

7 용도에 의한 분류

❶ Appetizer Cocktail(식전용 칵테일)

식사 전에 입맛을 돋우기 위해 마시는 칵테일로 드라이한 맛을 지녀야 한다.

❷ After Dinner Cocktail(식후용 칵테일)

식사 후에 소화를 돕기위해 마시는 칵테일로 스위트한 맛을 지녀야 한다.

❸ All Day Cocktail(상시용 칵테일)

식사와 상관없이 마시는 칵테일로 위 스타일을 제외한 모든 칵테일이 여기에 속한다.

8 스타일의 의한 분류

1) Rickey(리키)

리키의 특징이라면 당분을 사용하지 않고 만드는 것이다. 증류주에 쥬스, 소다 워터를 섞어서 텀블러에 만든다.

2) Mist(미스트)

프라페에서 파생된 음료로서 올드패션 글라스에 가루얼음을 가득 채워 만든다. 증류주만을 사용한다.

3) Sour(사워)

시큼한 음료란 뜻으로 증류주에 레몬 쥬스, 설탕을 넣어 만든다.

4) Sling(슬링)

증류주에 레몬 쥬스, 설탕을 넣고 소다 워터를 사용하여 만들었다. 처음에는 소다 워터 대신에 물을 사용하였으며 텀블러를 사용한다.

5) Eggnog(에그넉)

증류주에 계란, 우유 등을 넣어 만들며 미국의 남부 지방에서 크리스마스 아침에 마셨던 음료이다. 작은 고블렛을 사용한다.

6) Julep(줄랩)

텀블러에 가루 얼음을 채우고 버번위스키에 설탕을 넣어 만든다.

7) Collins(칼린스)

증류주에 레몬 쥬스, 설탕 그리고 소다 워터를 채워서 만들며 진 슬링에서 파생된 음료이다. 칼린스 글라스를 사용한다.

8) Cocktail(칵테일)

좁은 뜻의 칵테일로서 대부분 숏트 드링크를 말한다. 증류주에 리큐르, 쥬스, 당분

등을 사용하여 만든다. 칵테일 글라스를 사용하며 양이 많을 때는 더블 칵테일 글라스 또는 샴페인 글라스를 사용한다.

9) Cup (컵)

영국에서 만들어진 것으로 펀치와 비슷하지만 펀치볼 대신 컵이나 글라스를 사용하는 것이 다르다. 주로 축제나 파티때 마시는 음료이다.

10) Cobbler(코블러)

톨 와인 글라스에 가루 얼음을 채우고 와인과 시럽을 넣고 과일로 장식한다. 지금은 증류주도 사용하고 있다.

11) Cooler(쿨러)

증류주나 와인에 여러 가지 탄산 음료를 사용하여 만든다.

12) Toddy(토디)

증류주에 당분, 향류, 뜨거운 물을 작은 고블렛이나 텀블러에 넣어 만든다.

13) Punch(펀치)

컵(Cup)과 같이 축제나 파티 등에서 만들어 마시는 음료이다. 펀치볼에 대량으로 만들어 펀치컵으로 떠서 마신다.

14) Pousse Cafe(푸스카페)

술의 비중을 이용하여 서로 섞이지 않게 푸스카페 글라스에 층층이 쌓아서 만드는 것을 말한다.

15) Frappe(프라페)

칵테일 글라스에 가루 얼음을 가득 채운 후 리큐르를 넣어 만든다.

16) Fizz(피즈)

주로 아침에 마시는 음료로서 피즈란 탄산음료의 탄산가스가 '피식' 하며 빠지는 의성어를 그대로 사용한 것이다.

17) Highball(하이볼)

텀블러에 증류주와 탄산음료 각 한 가지씩만 섞어서 만드는 것을 말한다.

18) Ade(에이드)

과일즙에 설탕, 물을 혼합한 것으로 알코올이 없다.

19) Straight Up (스트레이트)

아무 것도 혼합하지 않고 술을 그대로 마시는 것이다.

20) On the Rocks(온 더 락스)

얼음만 넣고 그 위에 술을 따른 것이다.

21) Crust(크러스트)

빵의 껍질이라는 의미로 보통 중형 와인 글라스에 설탕을 프로스트한 다음 오렌지 슬라이스로 장식한다.

22) Tropical Cocktail(트로피칼 칵테일)

최근 가장 유행하는 칵테일로 열대성 칵테일이다. 과일즙, 과일 등을 이용하여 달콤하고 시원하며, 장식을 많이 하여 화려하다.

23) Squash(스쿼시)

과일즙을 내서 설탕, 소다수를 혼합한 알코올성이 없는 칵테일로 에이드(Ade)와 달리 톡 쏘는 탄산 맛이 들어 있다.

24) Daisie(데이지)

증류주에 감산미를 가해 소형 글라스에 얼음을 넣고 소다수를 첨가하는 방법이다.

25) Smash(스매시)

브랜디 등에 박하 설탕, 얼음을 넣은 음료이다.

26) Sangaree(생거리)

포도주에 물을 타고 향료를 가미한 음료이다.

27) Swizzle(스위즐)

술에 라임쥬스를 혼합하여 가루얼음과 함께 시원하게 제공한다.

5절 칵테일의 재료

1 음료와 술

1) 음료의 개념

인간의 신체는 약 3분의 2가 물로 구성되어 있다. 또한 계속된 신진대사 활동으로 몸에서 끊임없이 수분이 배출되고 있어 수시로 물을 공급해 주어야만 생명을 유지할 수 있는 그야말로 인간에게 있어 뗄 수 없는 필수 불가결(必修 不可缺)한 요소가 바로 물, 즉 음료인 것이다.

흔히 일상생활에서의 음료라 함은 '마시는 것'의 총체적 의미로 생각하기 쉽다. 물론 전혀 틀린 말은 아니겠지만 단순히 마실 수 있는 모든 것에 의미를 두어 정의되어 진다면 미역국이나 된장국 등도 음료라고 말할 수 있을까? 따라서 보다 그 의미를 구체화할 필요가 있는데, 정확한 의미의 음료란 마시는 것 중 음식물로서의 가치가 거의 없거나 전혀 없는 것을 말하는 것으로 뇌신경에 작용하여 자극을 주거나 은근한 영향을 미치는 물질, 즉 카페인, 테인, 알코올, 니코틴 등이 함유된 것을 포함하여 일컫는다.

대체로 음료(Beverage)라고 하면 우리 한국인들은 주로 비 알코올성 음료만을 떠올리며 알코올성 음료는 '술'이라고 따로 구분해서 생각하는 것이 일반적이다. 그러나 서양인들은 음료(Beverage)에 대한 개념이 우리와 사뭇 다르다. 물론 음료라는 범주(Category)에서 알코올성, 비 알코올성 음료로 구분을 하지만 마시는 것은 통칭 음료(Beverage)라고 하며 어떤 의미로서는 알코올성 음료로 더 짙게 표현되기도 한다.

2) 음료의 분류

음료는 크게 알코올성 음료와 비 알코올성 음료로 나눌 수 있는데, 알코올성 음료(소위 술을 뜻한다)는 양조주 혹은 발효주와 증류주 그리고 증류주에 초근목피(草根木皮) 등의 첨가물을 혼합하여 만든 혼성주로 분류되며 비 알코올성 음료는 청량음료, 영양음료, 기호음료로 나뉜다.

■음료의 분류

<table>
<tr><td rowspan="25">음료
(Beverage)</td><td rowspan="7">비알코올성 음료
(Non-Alcoholic Beverage)</td><td rowspan="2">청량음료
(Soft Drink)</td><td colspan="2">탄산음료(Carbonated Drink)</td></tr>
<tr><td colspan="2">무탄산음료(Non-Carbonated Drink)</td></tr>
<tr><td rowspan="2">영양음료
(Nutritious Drink)</td><td colspan="2">주스류(Juice)</td></tr>
<tr><td colspan="2">우유류(Milk)</td></tr>
<tr><td rowspan="3">기호음료
(Fancy Taste)</td><td colspan="2">커피(Coffee)</td></tr>
<tr><td colspan="2">차(Tea)</td></tr>
<tr><td colspan="2">코코아(Cocoa)</td></tr>
<tr><td rowspan="18">알코올성 음료
(Alcoholic Beverage)</td><td rowspan="4">양조주
(Fermented Liquor)</td><td colspan="2">맥주(Beer)</td></tr>
<tr><td colspan="2">포도주(Wine)</td></tr>
<tr><td colspan="2">과실주(Fruit Wine)</td></tr>
<tr><td colspan="2">곡주(Grain Wine)</td></tr>
<tr><td rowspan="10">증류주
(Distilled Liquor)</td><td rowspan="4">위스키
(Whisky)</td><td>스카치위스키(Scotch Whisky)</td></tr>
<tr><td>아이리쉬 위스키(Irish Whiskey)</td></tr>
<tr><td>아메리칸 위스키(American Whiskey)</td></tr>
<tr><td>캐나디안 위스키(Canadian Whisky)</td></tr>
<tr><td colspan="2">브랜디(Brandy)</td></tr>
<tr><td colspan="2">진(Gin)</td></tr>
<tr><td colspan="2">보드카(Vodka)</td></tr>
<tr><td colspan="2">럼(Rum)</td></tr>
<tr><td colspan="2">데킬라(Tequila)</td></tr>
<tr><td colspan="2">아쿠아비트(Aquavit)</td></tr>
<tr><td rowspan="4">혼성주
(Compounded Liquor)</td><td colspan="2">과실류(Fruits)</td></tr>
<tr><td colspan="2">종자류(Beans and Kernels)</td></tr>
<tr><td colspan="2">약초, 향초류(Herbs and Spices)</td></tr>
<tr><td colspan="2">크렘류(Creme)</td></tr>
</table>

3) 술의 정의

술(酒)이란 우리나라 주세법상 주정(물로 희석하여 음료로 할 수 있는 알코올분 즉, 에틸알코올을 지칭하며, 불순물이 포함되어 있어서 직접 음료로 할 수는 없으나 정제하면 음료로 할 수 있는 조주정을 포함한다)과 알코올분 1도 이상의 음료를 말한다. 여기에는 용해하여 음료로 할 수 있는 분말 상태의 것을 포함하되, 약사법에 의한 의약품으로서 알코올분 6도 미만의 것은 제외한다.

그러나 약사법에 의한 의약품이라도 알코올분 6도 이상인 경우, 주류의 범주에 포함된다. 단, 메탄올. 퓨젤유 등의 불순 성분이 다량 함유되어 불쾌한 냄새가 나는 황갈색의 불량주정으로서 통상의 증류방법으로 제조하여도 주정으로 제품이 불가능하고 희석해도 음료로 할 수 없는 것은 제외한다. 즉, 다시 말해서 전분(곡류), 당분(과실류)을 발효 및 증류시켜 만든 1% 이상의 알코올 성분이 함유된 음료를 말한다.

4) 술의 역사

술은 인류의 역사와 더불어 존재하였으며, 저마다 그 나라의 풍습과 민속을 담고 있다. 어느 나라의 술의 역사를 보아도 그 기원은 아주 먼 고대로부터 전래되고 있으며, 고대인에게 있어서 술은 신에게 바치는 신성한 음료로 전승되어 왔음을 알 수 있다. 최초로 인간이 어떻게 해서 술을 알게 되었는가에 대해서는 어느 정도 추측으로 알 수 있다. 한 예로 원숭이가 술을 만들었다고 전하는 말과 같이 수렵시대에 바위틈이나 움푹 파인 나무속에서 술이 발견되었다고 하는데 이것은 과실이 자연적으로 발효되어서 술이 된 것이다. 이어서 유목시대와 농경시대 사이에 곡류에 의한 술이 만들어져 술은 다양화되었다. 현재 곡주로서 가장 오래된 것으로 알려져 있는 것이 맥주인데 우리나라에서는 막걸리가 같은 예에 속한다.

맥주의 기원은 인간이 한 곳에 정착하여 농사를 짓기 시작한 농경시대부터 비롯되었는데 BC 4000년경에 수메르인에 의해 맥주가 최초로 만들어졌다고 한다. 맥주 다음으로 발견된 술은 포도주로, 구약성서에 노아가 포도주에 취한 기록이 있듯이 이미

포도원을 경작하였음을 추측할 수 있다. 그리고 그리스 신화에는 디오니소스가 포도주 만드는 방법을 가르쳤다고 전한다.

중세 이전까지 인간은 맥주, 포도주를 주로 애음하여 왔으나 중세에 접어들면서 8C에 아랍의 연금술사인 '재빌 이븐 하얀' 이라는 사람이 보다 강한 주정의 제조과정을 고안해 냈다.

그 이후 십자군 전쟁(12~13C말)으로 연금술 및 증류비법이 유럽에 전파되었고, 1171년에 헨리 2세가 아일랜드를 침입하였을 때 보리를 발효하여 증류한 술을 마셨다고 한다.

12C경에 러시아에서 보드카가 만들어졌고, 14C경에는 프랑스에서 '아르누드 빌누브' 라는 의학교수에 의해 브랜디가 발견되었다. 17C경에 네덜란드의 라이덴 대학의 의학교수인 '실비우스 박사' 에 의해 진(Gin)이 탄생했고 거의 같은 시기에 서인도제도에는 사탕수수를 원료로 한 럼(Rum)을 만들어 마셨다. 그 후 멕시코에 있는 스페인 사람들은 원주민이 즐겨 마시는 발효주인 풀케(pulque)를 증류하여 데킬라를 만들었다. 이외에도 수많은 리큐르(Liqueur)가 만들어 졌고, 각 나라마다 자기 민족에 맞는 새로운 알코올 음료가 생겨나고 이다.

이와 같은 술은 문자마저 명확하지 못했던 시대부터 만들어졌을 만큼 오래되었고 인류의 역사와 밀접한 관계를 맺으며 발전되어 왔다.

■술의 어원

- 술의 본래 말은 "수블/수불"이다. 조선시대 문헌에는 "수을", "수울"로 기록되어 있는데, 이 수블은 "수블 ⇒ 수울 ⇒ 수을 ⇒ 술"로 변해왔음을 알 수가 있다. "수블"의 의미에 대해서는 명확하지는 않지만 술을 빚는 과정에서 비롯된 것이 아닌가 한다. 즉 술을 쪄서 익히고 여기에 누룩과 주모(주정)를 버무려 넣고 일정량의 물을 부어 빚는다. 이어 얼마간의 시간이 지나면 발효가 이루어져 열을 가하지 않더라도 부글부글 물이 끓어오르면서 거품이 괴는 현상을 보고 마치 물에서 난데없이 불이 붙는다는 뜻으로 "수불"이라 하지 않았을까? 하는 추측이다.

• 술의 어원은 범어의 수라(Sura : 쌀로 빚은 술), 웅가로어의 세르(Ser)에서 흘러 내려오다 조선 말기로 오면서 술로 되었다고 한다. 일본말로 '사케' 보다는 '시루'(국물)와 통하는 말로 옛날 일본말로는 시루가 국물이 아니라 술이었다. 여진어의 술이라는 말인 '누러' 는 술의 모체인 누룩과 비슷하다.
• 술을 마시는 모양 - 술술 잘 넘어간다고 할 때의 - 모양을 형용하는 의성 음이 '술' 의 어원이라는 통속 어원설도 있다. 한말이 통속 어원 학자인 정교는 순박하고 좋은 술맛 '순' 에서 비롯되었거나 손님을 대접하는 '수' 라는 단어에서 '술' 로 되었다고도 전한다.

토의문제

1. 음료의 긍정적 측면과 부정적 측면을 구분하여 생각해 보자.
2. 비 알코올성 음료의 분류 중 기능성 음료나 이온음료 등의 경우 어느 범주에 속하는가?
3. 우리나라 폭탄주의 역사와 그 종류에 대해서 알아본다.
4. 우리가 알고 있는 잘못된 음주상식은 무엇이 있는가?

2 양조주(Fermented Liquor)

양조주는 곡류나 과실 등 당분이 함유된 원료를 효모균을 이용하여 발효시켜 만든 것으로 과실원료로 만든 것으로는 포도주, 사과주, 배주 등이 있고, 전분을 원료로 하여 그 전분을 당화시켜 다시 발효공정을 거쳐 얻어내는 것으로는 맥주와 청주 등이 있다. 양조주는 알코올 함유량이 3~18%로 비교적 낮은 편이며, 추출물 함량이 높지만 오래 보관할 수 없는 특징을 가지고 있다.

1) 와인(Wine)

와인은 넓은 의미로 과실을 가지고 만든 모든 술을 의미하나 일반적으로는 포도의 과즙을 짜서 효모를 넣어 발효시켜 만든 알코올성 음료를 와인이라 한다. 포도 이외에 다른 과실을 원료로 하여 만든 경우에는 그 과일 이름을 앞에 붙여 애플 와인(Apple Wine), 스트로베리 와인(Strawberry Wine), 피어 와인(Pear Wine) 등으로 부른다. 제조과정에서 일반 술과는 달리 물은 전혀 사용하지 않으며, 양조용 포도의 즙만 가지고 만들어지므로 포도의 성분이 그대로 농축되어 있는 술이다.

(1) 와인의 주조과정

와인의 제조과정은 포도나무를 심어서 가꾸는 재배(Planting), 늦가을에 포도의 수확을 줄이고 경작을 용이하게 위하여 가지를 잘라주는 전지(Pruning), 너무 많은 결실은 양질의 열매를 기대할 수 없으므로 불필요한 부분을 제거하는 속기(Thinning) 그리고 수확(Harvesting) 및 줄기제거(Stemming) 등의 작업단계를 거친 후 각 와인의 특성별로 다음과 같은 과정을 지나게 된다.

① 레드와인(Red Wine)

수확 → 분쇄(Mushing, 껍질, 씨 포함) → 전발효(Fermentation) → 압착(Pressing) → 후발효(Fermentation) → 여과(Filtering, 앙금분리) → 숙성(Aging) → 여과(Filtering) → 병입(Bottling) → 마개(Capping) → 저장(Storing) → 출고

② 화이트와인(White Wine)

수확 →분쇄(Mushing, 껍질포함) → 압착(Pressing) → 숙성(Aging) → 저장(Storing) → 여과(Filtering) → 병입(Bottling) → 출고

③ 로제와인(Rose Wine)

수확 → 분쇄(Mushing, 껍질, 씨 제거) → 압착(Pressing) → 주스(Juice) → 발효(Fermentation) → 여과(Filtering, 앙금분리) → 숙성(Aging) → 여과(Filtering) →

병입(Bottling) → 마개(Capping) → 저장(Storing) → 출고

어떤 과일로도 와인을 만들 수 있지만 포도 이외의 과일에는 효모작용을 돕기 위하여 설탕을 첨가해야 하나 포도는 자연적으로 이러한 반응에 필요한 당분이 충분히 생성된다.

와인의 품질은 양조기술이나 저장 방법에 따라 차이가 나지만 특히 수확 연도의 기상조건에 의해 크게 좌우되는데 기후, 토질, 포도의 품종, 인력 등은 와인의 질을 좌우하는 4요소라고 할 수 있다.

(2) 와인의 분류

와인의 분류는 다양하지만 색에 의한 분류, 맛에 의한 분류, 탄산가스의 유무에 의한 분류, 알코올 첨가 유무에 의한 분류, 식사용도에 의한 분류, 숙성연도에 의한 분류, 수확연도 표시유무에 의한 분류에 의하여 여러 가지로 분류한다.

① 색에 의한 분류

㉠ 레드 와인(Red Wine)

수확된 포도의 알맹이, 껍질, 씨까지 포함하여 즙을 낸 후 발효시켜서 만드는데 이때 과피(果皮)에서 우러나오는 색으로 인하여 적색이 나게 된다. 탄닌산과 기타 미네랄 성분이 풍부하여 숙성기간이 길고 육류요리와 잘 어울린다.

㉡ 화이트 와인(White Wine)

청포도를 사용하기도 하나 포도즙을 낼 때 껍질을 제거하고 알맹이만을 발효시켜서 만든 것이며 약간의 연한 밀짚색이 난다. 포도를 으깬 뒤 바로 압착하여 나온 주스를 발효시키므로 탄닌 성분이 적고 순하고 상큼한 맛으로 생선요리와 잘 어울린다.

㉢ 로제 와인(Rose Wine)

처음 발효를 시킬 때에 껍질까지 같이 발효시키다가 일정시간이 흐르면 껍질을 제거하여 더 짙은 색이 나지 않게 한 것이다. 화이트와인과 레드와인의 중간색이지만 맛은 오히려 화이트 와인에 가깝다.

■와인의 분류

와인		ENGLISH	FRENCH	ITALIAN	PORTUGAL	SPANISH
와인	색에 따른 분류	White Wine	Vin Blanc	Vine Bianco	Vinho Branco	Vinho Banco
		Red Wine	Vin Rouge	Rosso	Tinto	Tinto
		Rose Wine	Vin Rose	Rosta	Rosado	Rosado
	맛에 따른 분류	Sweet Wine	Vin doux	Dolce	Doce	Dolce
		Dry Wine	Vin Sec	Secco	Seco	Seco
	알콜의 첨가 유무에 따른 분류	Fortified Wine(강화주) Unfortified Wine(비강화주)				
	탄산가스의 유무에 따른 분류	Sparkling Wine(발포성 와인) Unforified Wine(비발포성 와인)				
	식사에 따른 분류	Aperitif Wine(Fortified Or Aromatized Wine)	Sherry Wine	Fino Amontillado Vino De Pasto		
			Madeira Wine Campari Vermouth Bitters Anisette			
		Table Wine(Full Boiled Or Heavy Boiled Wine) Dessert Wine(Sweet Or Port Wine)				
	저장기간에 따른 분류	Young Wine : 1~2년 Aged Or Old Wine : 5~15년 Great Wine : 15년 이상				
	지역발 분류	France Vin : Bordeaux, Bourgogne Cots Du Rhone, Alsace, Champagine German Vein : Rhine, Moselle, Steinwein Spain Vino : Sherry Portugal Vino : Rose Italy Vino : Vermouth, Chianti America Wine : California Wine				

㉣ 옐로 와인(Yellow Wine)

화이트 와인이 오랫동안 Oak통 속에서 숙성되어 오는 동안 술통에서 우러나오거나 한 번 사용한 술통을 다시 사용하였을 때 술통에서 우러난 색이다.

② 맛에 의한 분류

㉠ 스위트 와인(Sweet Wine)

달콤한 맛을 내는 감미 와인으로 완전히 발효되지 못하고 당분이 남아 있는 상태에서 발효를 중지시킨 것과 가당한 것이 있다.

㉡ 드라이 와인(Dry Wine)

단맛이 없는 산미 와인으로 완전히 발효를 시켜서 와인 속에 당분이 거의 남아 있지 않은 상태이다.

㉢ 미디움 드라이와인(Medium Dry Wine)

단맛을 약간 느낄 정도의 스위트와인과 드라이 와인의 중간 맛을 내주는 와인으로 데미 드라이(Demi Dry) 혹은 세미 드라이(Semi Dry)라고 한다.

③ 알코올(Alcoholic) 첨가 유무에 의한 분류

㉠ 강화와인(Fortified Wine)

와인에 증류주를 첨가하여 알코올 도수를 높인 와인으로 대표적인 것이 스페인의 쉐리 와인(Sherry Wine), 포르투갈의 포트 와인(Port Wine)이다.

㉡ 비강화 와인(Unfortified Wine)

증류주를 첨가하지 않고 순수한 포도만을 발효시켜서 만든 와인이다.

④ 탄산가스 유무에 의한 분류

㉠ 발포성 와인(Sparkling Wine)

발효 도중에 생기는 탄산가스를 함유한 와인으로 발효가 완료되지 않은 것을 병에 넣어 병 내에서 발효시키는 방법(Champagne Method, 프랑스 Champagne)과 탱크에서 탄산가스를 날려 보내지 않는 법(Tank Method, 독일 Sekt), 인위적으로 탄산가스를 주입시켜 주는 것이 있으며, 이 경우 자연적으로 생긴 것보다 질이 낮고 가격도 싸다.

프랑스 샹파뉴의 샴페인(Champagne), 이탈리아의 아스티 수푸만떼(Asti Spumante), 스페인의 카바(Cava), 독일의 젝트(Sekt)가 대표적이다.

㉡ 비발포성 와인(Still Wine)

대부분의 와인으로 탄산가스를 함유하지 않은 일반적인 와인이다.

⑤ 식사용도에 의한 분류

㉠ 식전용 와인(Aperitif Wine) = 식전주(食前酒)

식사를 하기 전에 Appetizer(애피타이저)와 함께 마시는 와인으로 입맛을 돋우기 위해 드라이한 것이 좋다. 종류로는 쉐리 와인(Sherry Wine), 드라이 베르뭇(Dry Vermouth), 듀보네(Dubonnet), 캄파리 비터즈(Campari Bitters), 마데이라(Madeira), 마르살라 와인(Marsala Wine) 등이 있다.

㉡ 테이블 와인(Table Wine) = 식중주(食中酒)

식사와 곁들여서 마시는 와인은 음식물에 따라 다르나 식성에 따라 선택하여 마시게 되는데 이때 주의할 것은 음식물 중에 식초, 오이지, 카레, 겨자 등이 많이 함유된 음식을 먹을 때에는 되도록 와인을 마시지 않는 것이 좋다. 이유는 자극성 음식에 알칼리성 와인을 마시면 소화가 잘 되지 않을 수도 있기 때문이다.

㉢ 식후용 와인(Dessert Wine) = 식후주(食後酒)

식후에 디저트와 함께 마시는 와인으로 소화를 촉진시키기 위해 단맛의 와인이 좋다. 대표적인 와인으로는 알코올 도수가 비교적 높은 포트 와인(Port Wine)과 토케이(Tokay)가 있다.

- 토케이(Tokay) : 헝가리에서 생산되는 스위트 화이트와인으로 프랑스의 소떼른느와 같이 곰팡이 낀 포도(Noble rot)로 만든 대표적인 식후용 와인이다.

⑥ 숙성연도에 의한 분류

㉠ 영 와인(Young Wine)

1~2년 저장한 와인으로 별도의 숙성기간을 거치지 않고, 장기간 보관이 안되며 품질이 낮은 와인이다.

㉡ 에이지드 와인(Aged 또는 Old Wine)

5~15년 저장, 숙성시킨 와인으로 병입 후 20년 이내에 마시는 와인을 말한다.

㉢ 그레이트 와인(Great Wine)

15~20년 숙성시킨 와인으로 병입 후 30년 이내에 마시는 와인을 말하며 품질이 최상급이다.

⑦ 수확연도 표시 유무에 의한 분류

㉠ 빈티지 와인(Vintage Wine)

풍년이 들어 수확이 좋은 해의 포도로 만든 포도주로 라벨에 수확연도를 표시한다.

㉡ 넌 빈티지 와인(None Vintage Wine)

포도의 수확연도를 표시하지 않은 포도주이다.

와인상식

● 와인취급방법

- 포도주는 주인이 먼저 맛을 본다.
- 포도주를 마실 때는 글라스의 스템을 잡고 마신다.
- 포도주를 마실 때는 독한 담배를 피우지 않는다.
- 포도주는 한 잔을 3~4회에 나누어 마신다.
- 포도주는 손님의 오른쪽에서 오른손을 이용하여 서브한다. (Clock System)
- 포도주를 따를 때는 글라스에 손을 대면 안 된다.
- 포도주는 급격한 가열이나 냉각은 하지 말아야 한다.
- 포도주병은 흔들지 말아야 한다.

- 포도주는 글라스에 반 정도에서 2/3 정도가 적당하다.
- 백포도주병은 냉습한 곳에 보관하여야 한다.
- 와인 보관은 12℃의 서늘한 곳(습도는 60~80 지하창고)에 한다.
- 와인은 보관 시 코르크 마개가 항상 마르지 않도록 수평으로 뉘어서 보관하여야 한다.(코르크 마개가 건조해지면 틈이 생겨 공기가 들어오게 되고 와인이 식초처럼 산화가 되기 때문이다.)

● 디캔터(Decanter)와 디캔팅(Decanting)

- 디캔터는 프랑스어로 '까라프(carafe)' 라고도 하며, 와인 병 속에 담긴 와인을 옮겨 붓는 투명한 유리병을 말하며, 오래된 Red Wine의 침전물을 제거하기 위하여 디캔터 용기에 와인을 따라 옮기는 과정을 디캔팅이라 한다.

● 와인을 디캔터로 옮기는 이유

- 타닌이 강한 어린 와인은 디캔터에 옮겨 담는 과정에서 공기, 즉 산소와의 접촉을 원활하게 해주어 강한 휘발성 향이나 타닌의 강한 맛을 조금 부드럽게 할 수 있다.
- 레드 와인의 경우에는 시간이 오래 지나면 와인 병 바닥에 색소, 타닌, 주석산염 등의 침전물이 가라앉을 수 있다. 이 찌꺼기가 와인에 섞여 있으면 기분 나쁜 맛을 내므로 디캔터에 조심스럽게 옮겨 담아 이러한 침전물을 제거해야 한다.

● 소멜리어(Sommelier) : 와인웨이터(Wine waiter, Wine steward)

- 일반적으로 불란서 레스토랑에서 근무하는 와인 전문가로서 주된 역할은 와인 판매와 관련한 와인주문, 추천, 요리와 어울리는 와인 추천(Cook harmony with wine) 등의 일을 하며 이외에 와인창고 관리와 진열, 와인 시음과 테스팅, 고객에게 주문받고 Serve하는 등의 일을 한다.

토의문제

1. 우리나라 음식과 어울리는 와인에 대해서 알아보자.
2. 기본적인 와인매너에 대해서 알아보자.
3. 와인용어들을 정리해 보자.

2) 맥주(Beer)

맥주를 뜻하는 영어 단어인 '비어(Beer)' 의 어원은 라틴어로 ' 마시다 '라는 뜻의 ' 비베레(Bibere)' 또는 게르만족의 언어 중 '곡물' 을 뜻하는 '베오레(Bior)' 에서 유래되었는데, 이미 기원전 3900년경에 벌써 음료로서 이용되었다 하며, 보리, 호프, 물을 원료로 하는 탄산가스를 함유한 양조주로 세계적으로 널리 애용되고 있다. 우리나라 주세법 제3조에서는 맥주는 양조주로서 맥아 및 호프(호프 엑기스를 포함한다)와 백미, 옥수수, 고량, 감자, 녹말, 당질, 캐러멜 중의 하나로 또는 그 이상의 것과 물을 원료로 발효시켜 여과 제성한 것으로 규정하고 있다.

(1) 맥주의 원료

① 보리(Barley)

보리(麥)는 발아할 때 효소를 생성하여 전분을 분해하고 당분을 만들어 내는 원료이다. 양조용 보리는 첫째, 껍질이 얇고 담황색의 윤기가 있어야 하고 둘째, 알맹이는 고르고 95% 이상의 발아율이 있어야 하며 셋째, 수분 함유량은 10% 내외로 잘 건조된 것이어야 하고 넷째, 단백질이 적고 전분 함유량이 많아야 한다.

② 물(Water)

물은 맥주 원료의 90% 이상을 차지하며 맥주의 원료 중에서 가장 중요하다. 맥아 제조에 사용되는 물은 주로 침맥용수이고, 맥아즙 제조에 사용되는 물, 즉 담금 용수는 협의의 양조용수이다. 수질의 적합여부는 그 용도에 따라 다르나 맥주의 품질에 직접 큰 영향을 주는 것은 담금 용수이다.

③ 호프(Hop)

맥주의 쌉쌀한 맛과 독특한 향을 내고 거품을 일게 하며 잡균의 번식을 막고 부패를 막아주어 맥주의 보존성을 높여주는 역할을 한다. 호프(Hop)는 암, 수가 따로 있는 덩굴성 식물의 꽃으로 맥주에 사용하는 호프는 암그루의 성숙한 꽃을 따서 말린 것만을 사용하는데, 만약 암그루와 숫그루를 같은 장소에서 재배하면 암꽃이 수정되어, 향기나 중요한 성분이 감소되기 때문에 항상 암그루만을 따로 재배하여 사용한다.

④ 효모(Yeast)

효모는 당(糖)을 분해하고 알코올과 탄산가스로 변화시키며 향과 영양소를 생성하게 하는 미생물로서 맥주의 알코올 도수와 맛을 결정하는 필수요소이다. 맥주의 효모는 발효가 진행되는 과정에서 표면에 떠오르는 상면발효 효모와 발효가 완결되면 밑바닥에 가라앉는 하면발효 효모 두 가지가 있으며 대부분의 맥주 공장에서는 실험실에서 순수 배양한 효모를 사용하고 있다.

한국의 홉(hop) 재배사

우리나라에 처음 호프가 재배되기 시작한 것은 1934년 일본인들에 의해서이다. 한랭성 작물인 호프재배에 최적의 조건을 갖춘 개마고원 부근인 혜산(惠山)지방에서 재배되어 국내소비를 전부 충당하고도 남아 일부는 일본에 공급하기도 하였다 한다. 지금도 북한산 호프는 품질이 좋기로 정평이 나 있으며 북한이 내세우는 주요 수출품 중의 하나이기도 하다.

남한에서 호프가 재배된 것은 6.25전쟁으로 호프공급이 원할하지 못하게 되고 원료수입을 위한 외화사용이 정부의 통제를 받아 수입이 자유롭지 못하게 되자 호프의 국산화, 자급화가 절실히 요구되었고 60년대에 접어들어 재배에 착수하게 된다.

1970년대부터 본격적인 호프국산화의 부단한 노력으로 강원도 횡성, 평창, 경북 봉화지역을 중심으로 국내산 호프의 생산량이 급속도로 증가하였다. 1980년대 초에는 국내호프 생산은 400톤에 육박하여 충분히 자급할 수 있는 양을 지속적으로 생산할 수 있었다.

1987년에는 소량(2,900㎏)이나마 미국으로 처녀수출하기도 하였다. 그러나 1980년대 후반부터 농업환경의 변화와 농산물 수입개방으로 호프수입이 자유화되어 독일, 체코 등지의 우수한 호프가 값싸게 도입되었고, 광대한 토지와 기계화로 엄청난 양의 호프를 생산하는 미국의 저가공세에 국산자급화를 포기하게 되어 현재 전량수입에 의존하고 시험 재배 목적으로 명맥만 유지하는 수준으로 전락했다.

(2) 맥주의 주조 과정

① 맥아의 제조과정

맥아의 원료가 되는 두줄보리를 물에 넣어 수분을 공급한 다음 적당한 온도로 효소를 활성화시키고 여러 성분들을 용해시키는 발아과정을 거친다. 그리고 색깔과 향미를 가하기 위하여 건조시키고 단백질과 쓴맛이 많이 함유된 뿌리를 제거하면 맥아가 완성된다.

② 당화과정

과실은 효모작용에 필요한 당분이 자체적으로 생성되기 때문에 알코올 생성을 위한 당화과정이 필요 없으나 곡류는 주성분이 전분이기 때문에 효모작용을 위하여 녹말을 분해시키고 당분을 만드는 당화과정을 거쳐야 한다. 당화는 맥아를 분쇄하여 따뜻한 물을 넣고 가열하면 당화되어 단맛의 액즙이 된다.

③ 발효과정

당화과정에서 얻은 맥즙을 여과하고 홉을 첨가한 다음 다시 끓이고 5℃로 냉각시킨다. 그 다음 효모(Yeast)를 넣고 발효탱크에 옮기면 발효(전발효)하게 되는데 이때 효모의 작용으로 당분이 알코올과 탄산가스로 분해된다.

④ 저장과정

발효된 맥즙을 0℃의 온도에서 2개월 동안 저장하면 서서히 후발효가 진행되면서 숙성되고 탄산가스도 맥주에 용해되어 맥주 특유의 맛과 향을 갖게 된다.

⑤ 제품과정

저장된 맥주를 여과하면 1차적으로 생맥주가 되고 저온에서 살균하여 병입하면 병맥주가 된다.

(3) 맥주의 분류

① 발효방법에 의한 분류

㉠ 하면발효 맥주(저온발효) - 독일식

하면발효는 맥아즙의 온도가 7~12℃일 때 활동하는 효모를 넣는데 발효가 끝날 무렵 효모가 양조통 아래로 가라앉는 것을 말한다. 즉 하면발효 맥주는 상면발효 맥주보다 저온에서 발효시킨 맥주로서 탄산가스가 많고 가벼운 느낌을 준다. 독일과 미국 등에서 하면발효에 의한 생산을 하고 있으며 세계 맥주시장의 약 3/4 정도 차지하고 있다.

• 라거(Lager Beer)

살균 처리된 보편적인 병맥주로 향미가 좋다. 알코올 함유량은 4% 가량에 원맥즙의 농도가 12% 정도이다.

• 뮌헨(München Beer)

독일의 뮌헨(Munchen)에서 유래된 타입으로 맥아향기가 짙고 쓴맛이 부드러운 흑맥주이며 알코올 함유량은 4% 정도이다.

• 필스너(Pilsener Beer)

체코의 필젠(Pilsener)에서 유래된 타입으로 맥아향기가 약하고 담백한 맛, 색은 옅은 황금색이며 알코올 함유량은 3~4% 정도이다.

• 도르트문트(Dortmund Beer)

향미가 산뜻하며 쓴맛이 적은 담색의 맥주로서 알코올 함유량은 3~4% 정도이다.

• 복비어(Bock Beer)

독일에서 유래한 라거 맥주의 일종으로 알코올 도수가 높고 맥아가 많이 함유된 진한 맥주이며 알코올 함유량은 6~11% 정도이다.

㉡ 상면 발효맥주(고온 발효) - 영국식

상면발효는 맥아즙의 온도가 15~18℃일 때 활동하는 효모를 넣는데 발효가 끝날 무렵 효모가 양조통 수면 위로 올라오는 것을 말한다. 즉 상면발효 맥주는 하면 발효

맥주보다 비교적 고온에서 발효 시킨 맥주로서 탄산가스가 적고 거품양도 적다. 상면 발효 맥주는 주로 영국에서 만들고 있는데 그 이유는 발효시킬 때 냉장실에서 하지 않는 등 여러 가지 불편한 점이 많지만 전통을 존중하는 그들의 고집 때문이라고 할 수 있다.

• 에일(Ale)

중세 영국에서는 맥주를 에일이라고 하였다. 그러나 16세기 이후 홉을 사용하면서 비어(Beer)로 바뀌었는데 현재의 에일은 보통 맥주보다 홉을 1.5~2배 정도 더 넣고 후숙기간이 짧아 색깔이 짙고 탄산가스가 적으며 거품도 적고 쓴맛이 강한 편이다. 알코올 도수는 5% 정도이다.

• 스타우트(Staut)

맥아 건조시 검은 색깔이 날 때까지 볶는데 현재는 흑맥주의 대명사로 불리우며 색깔이 진하고 맥아의 향미가 강하며, 감미를 느낄 수 있는 흑맥주이다. 알코올 함량은 8~11% 정도이다.

• 포터(Porter)

포터는 짐을 운반하는 사람(Porter)에서 유래된 말로 영국산 흑맥주의 일종으로 호프의 맛은 에일에 비해 약하지만 색깔이 짙은 흑맥주이며 알코올 함량은 5~7% 정도이다.

• 램빅(Lambics)

벨기에의 브리셀에서 만드는 에일 맥주의 일종으로 자연 발생적으로 발효를 일으키기 때문에 발효기간이 2년 이상 된 맥주라야 비로소 마실 수 있고 또한 다양한 색깔로 제조되는데 발효 중에 과일을 넣어 과일의 맛, 향, 색깔이 우러나게 한다.

② 살균처리에 의한 분류

㉠ 열처리 맥주

맥주의 보존기간을 늘리기 위하여 열처리 즉 저온에서 살균을 하여 효모의 활동을 중지시켜 병 또는 캔(Can)에 담은 맥주이다. 병맥주는 직사광선에 노출되면 맥주의 맛이 변할 수 있으므로 일광을 차단하기 위하여 병 색깔이 갈색이나 짙은 녹색으로 되어 있다.

㉡ 비열처리 맥주

효모의 작용을 멈추게 하는 일반적인 병맥주와는 달리 열처리를 하지 않았기 때문에 효모가 살아 있어 맥주 고유의 맛과 향이 병맥주보다 우수한 맥주이다. 그러나 저온에서 운반, 보존해야 하는 등 유통기간이 짧은 단점이 있다. 그것은 맥주 속에 효모가 계속 활동하므로 기간이 어느 정도 경과하면 과잉 효모활동에 의하여 맥주가 변질되기 때문이다.

토의문제

1. 독일의 맥주 순수령과 호프(Hop)에 대해서 알아보자.
2. Hop와 Hof의 차이점은 무엇인가?
3. 생맥주와 병맥주의 차이는 무엇인가?
4. 세계 여러 나라의 유명 맥주 브랜드에 대해서 알아보자.

3 증류주

효모의 당분 분해 작용으로 만들어진 양조주를 물과 알코올의 비등점의 차이 즉, 알코올의 끓는 점(78℃)이 물의 끓는 점보다 낮다는 원리를 이용하여 증류기를 통해 증류하여 만든 술이다. 때문에 알코올 도수가 높고 비교적 오래 보관할 수 있는 특징을 가지고 있다. 증류주는 증류방식에 따라 단식증류(pot still)와 연속식 증류(patent still)로 나뉘며, 위스키, 럼, 진, 보드카, 브랜디, 데킬라 등이 여기에 속한다.

단식 증류법(Pot Still법)은 밀폐된 솥과 관으로서 구성되어 있는 단식증류기는 시설이 간단하여 시설비가 적게 들며 원료의 맛과 향(Flavor)이 적게 파손되므로 주성분이 되는 중요한 부분을 얻는데 이점이 있는 반면에 대향 생산이 불가능하며, 처음 증류한 부분과 마지막 증류한 부분에 대해서는 재증류해야 하는 번거로움이 있다.

연속식 증류(Patent Still법)은 1831년 Aeneas Coffey에 의해 개발된 이 증류법은 두 개의 Column으로 구성되어 있어 Column Still이라고 불리며 알코올, 고급 알코올, 퓨젤류(Fusel Oil), 물 등을 각각 다른 비등점, 증기의 비중을 이용하여 분단적으로 증기를 모아 별도로 각각 응축시켜 얻어낸다.

높은 온도에서 연속적으로 대량 생산할 수 있어서 생산원가가 단식증류보다 적게 들고 한쪽으로부터 원료를 넣으면 다른 쪽으로 남은 찌꺼기가 추출되어 재래식인 Pot Still과 같이 갈아서 넣을 필요가 없어 연속작업이 가능하다는 특징을 갖고 있으나 반면에 높은 온도에서 증류하기 때문에 중요한 성분을 잃게 되고 현대적인 자동설비를 해야 하므로 시설비의 부담이 크다.

1) Whisky(위스키)

위스키라는 어원은 게일어인 위스게베아(Uisgebeatha)에서 유래된 말로 '생명의 물(Aqua vitae)' 이라는 의미이다. 위스키는 각 나라마다 만드는 방법이나 법상의 정의가 다르기 때문에 꼭 '이렇다' 라고는 말할 수가 없으나 일반적으로 곡물을 발효, 증류하여 저장, 숙성시켜 만든 증류주로서 세계적으로 가장 인기 있는 술 중의 하나이다.

대부분의 술이 그러하듯 위스키도 15세기 경까지는 성직자들에 의해 만들어지다가 16세기부터 일반인들에 의해 만들어지기 시작하였는데, 초기의 위스키는 이렇다 할 만한 특징이 없었다고 한다. 그러나 18세기 초 스코틀랜드의 양조업자들이 정부의 과다한 세금정책으로 인하여 위스키를 산 속에 몰래 숨어서 제조하게 되었는데, 이때 우연히 알게 된 제조법이 오늘날의 원숙한 풍미와 색을 갖게 된 결정적 계기가 되었던 것이다.

(1) 위스키의 주조 과정

① 맥아(Malting)

침전조에서 대맥을 24~48시간 물에 담가 놓았다가 발아실(15~17℃)로 옮겨 싹을 틔운 후(7~10일 소요), 이것을 건조실에서 열기를 가해 건조시킨다(몰트 스카치위스키는 건조시 Peat탄을 이용한다).

② 당화(Mashing)

건조맥아를 분쇄하고 온수를 가하여 당화조(60~70℃)에서 전분을 당으로 분해시켜 여과 후 발효조로 보낸다.

③ 발효(Fermentation)

당화액을 냉각한 후(25~27℃), 효모를 첨가하여 발효시킨다. 이것을 매쉬라고 하며, 알코올도수는 7~8%이다. (1~3번 과정은 맥주 제조과정과 거의 같다)

④ 증류(Distillation)

단식 증류기 또는 연속 증류기를 사용하며 단식 증류기는 2~3회 증류한다.

⑤ 숙성(Maturation)

증류된 무색투명한 위스키 원액을 오크(Oak)통 속에 저장하여 3년 이상 숙성시키게 되어 있으나 보통 그 이상을 숙성시키며 오크의 목질 차이는 숙성 시 위스키의 맛과 향에 영향을 미친다.

숙성기간이 오래될수록 향기가 강해지고 감미로우며 주질이 향상된다. 고급 위스키는 12년 이상 숙성된 원액을 사용한다.

⑥ 블랜딩(Blending)

숙성이 끝난 후 한 종류의 원액만을 물로 희석하여 제품화하는 경우도 있지만 대부분 30여 종류 이상의 몰트위스키 원액과 그레인위스키 원액을 적당한 비율로 블랜딩한 후 물을 첨가하여 제품화하며 제품의 질은 주로 몰트위스키에 의해 좌우된다.

⑦ 메링(Maring)

블랜딩한 여러 가지 위스키 원액이 서로 잘 조화될 수 있도록 일정기간 통속에 저장한다.

⑧ 제품(Bottling)

숙성이 끝난 위스키는 원액 그대로 제품화하기도 하지만 대부분 알코올 도수를 40~43% 정도를 유지하기 위해 물로 희석하여 제품화한다. 제품의 종류에는 한 증류소의 몰트위스키 원액만 사용한 것, 여러 증류소의 몰트위스키 원액을 혼합한 것, 그레인위스키 원액만 사용한 것, 몰트위스키 원액과 그레인위스키 원액을 블랜딩한 것 등이 있다.

(2) 위스키의 분류

① 생산지에 의한 분류

㉠ Scotch Whisky(스카치 위스키)

위스키 제조에 사용되는 맥아를 건조할 때 이탄(peat)을 사용하는 것이 특징이며, 전체 위스키 생산량의 약 60%를 차지하고 있는 스카치 위스키는 국가적 차원에서 이를 관리하고 있다.

스카치 위스키의 법률적인 정의는 1909년부터 영국의 법으로 정의되었으며, 1989년 EC(European Community)에서 법률로 반포되었는데, 그 내용은 다음과 같다.

❶ 물과 발아된 보리(Malted Barley)를 사용하여 스코틀랜드에서 증류된 것으로

i) 발아된 보리(Malted Barley)를 그 증류소 자체에서 매쉬(Mash)로 만들어야 하며,

ii) 오직 발아된 보리 속의 효소에 의해서만 발효가능한 원료[맥아즙 (Wort)]로 변환 시켜야 하며,

iii) 효모(Yeast)만을 추가하여 발효(Fermentation) 시켜야 함.

❷ 증류된 알코올 농도가 최대 94.8% 이내이고 증류 액에는 사용된 재료의 향과

맛이 베어 있어야 한다.

❸ 스코틀랜드에 있는 창고 안에서 700리터가 넘지 않는 오크 통에 최소 3년 이상 숙성시켜야 한다.

❹ 색, 향, 맛은 사용된 재료와 제조 방법, 생산과 숙성 과정에서 나와야 한다.

❺ 물과 카라멜 이외에는 어떤 첨가물도 넣어서는 안 된다.

즉, 스카치 위스키란 스코틀랜드에서 증류하고 최소 3년 이상 숙성 시킨 위스키로 다른 첨가물이 들어가지 않은 증류주라고 할 수 있으며, 단 최종 생산된 위스키의 색을 동일하게 맞추기 위하여 소량의 카라멜을 첨가하는 것은 법적으로 허용되고 있다.

㉡. Irish Whiskey(아일리쉬 위스키)

아일랜드에서 생산되는 위스키의 총칭이며 문헌에 따르면 세계에서 가장 먼저 위스키를 만들었다고 전해진다. 그래서인지 'Whiskey' 라는 표기를 할 때 'e' 자를 더 써넣어 위스키의 종주국이라는 그들만의 자부심을 표현하고 있다. 아일리쉬 위스키는 스카치 위스키와는 달리 몰팅(Malting)을 이탄으로 하지 않고 바닥에 널어서 건조시킨 후 밀과 호밀을 함께 넣어 즙으로 만든 다음 발효시켜 단식 증류법으로 3번 반복하여 증류하여 만든다.

㉢. American Whiskey(아메리칸 위스키)

미국에서 생산되는 위스키를 말하며 아일리쉬 위스키처럼 위스키 표기 시 'e' 자를 더 써 넣어 표현하다. 아메리칸 위스키는 스코틀랜드나 북아일랜드에서 건너온 이민자들에 의해서 시작되었으므로 위스키의 역사가 그리 길지 않음에도 불구하고 세계에서 위스키를 가장 많이 소비하고 또 수입한다. 아메리카 위스키의 생산은 버번위스키가 주종을 이루며 '미국 연방 알코올 통제법' 에 의한 아메리칸 위스키의 정의를 살펴보면 '곡물을 발효시켜 만든 양조주를 증류하여 95% 이하의 알코올을 만든 다음 오크통에서 24개월 이상 숙성시켜 알코올 농도가 40% 이상으로 병입 한 것' 이라고 되어있다.

㉣. Canadian Whisky(캐나디언 위스키)

캐나다 안에서 생산되는 위스키의 총칭으로 이곳에서 처음 위스키가 만들어 질 때 호밀을 주원료로 사용했기 때문에 캐나디언 위스키하면 먼저 라이 위스키(Rye whisky)를 떠올리는데 미국의 스트레이트 위스키와는 차이가 있다. 캐나다에서는 스트레이트 위스키의 판매를 법으로 금지하고 있기 때문에 중성주정(Neutral spirit)을 섞어서 만들기 때문이다. 그렇기 때문에 캐나디언 위스키는 거의 대부분이 블렌디드 위스키이며, 저장은 버번위스키에 사용되었던 빈 오크통이나 안쪽을 그을리지 않은 오크통에 최소 4년 이상을 숙성시켜야 한다.

㉤. Japanese Whisky(제패니스 위스키)

일본에서 생산되고 있는 위스키를 말하는 것으로 원액 생산에서 제품 생산까지 일괄적으로 이루어지고 있다. 일본의 음식문화와 연계 시킨 새로운 위스키 소비문화와 독주를 좋아하지 않는 일본식 음주문화에 착안한 '미즈와리(물에 희석한 위스키)' 의 개발 등 일본 위스키만의 독특한 맛을 창출하여 세계 5대 위스키 산지로 자리 매김하고 있다.

② 원료에 의한 분류

㉠ Malt Whisky

맥아(malt)만을 사용하여 만든 위스키로서 단식증류법으로 증류한다. 농도가 낮고 풍미가 강하여 'long spirit' 이라고도 부르는데, 몰트 스카치 위스키(malt scotch whisky), 아이리쉬 몰트 위스키(irish malt whiskey) 등이 이에 속한다.

㉡ Grain Whisky

옥수수, 밀, 호밀 등의 여러 곡류를 사용하여 만든 위스키로서 연속식증류법을 사용하여 증류한다. 비교적 향이 약하고 부드러우며 순한 맛이 특징이며 'silent spirit' 이라고도 하는데, 대부분의 미국, 캐나다 위스키가 여기에 속한다.

㉢ Blended Whisky

두 가지 종류 이상의 위스키를 섞어서 만든 위스키로 현재 생산, 판매되는 대부분의 위스키가 여기에 속한다. 풍미가 강한 몰트위스키에 순하고 부드러운 그레인 위스키를 혼합하여 거부감을 주지 않은 것이 이 위스키의 특징이다. 블랜디드 스카치 위스키(Blended scotch whisky)와 아메리칸 블랜디드 위스키(American blended whiskey)가 있다.

토의문제

1. 스카치위스키 주조 시 맥아, 즉 몰팅(Malting)을 하는 이유는 무엇인가?
2. 브랜디드(Blended) 위스키 라벨의 12years 등의 표시는 무엇을 의미하는 것인가?
3. 병의 모양이 제각기 다른 이유는 무엇인가?
4. 미국의 금주법에 대해서 알아보자.

2) Rum(럼)

럼의 원료는 사탕수수이며 원산지인 카리브해의 서인도제도에서 전파된 술로써 사탕수수에서 얻은 원액과 당밀을 원료로 해서 만든다. 럼의 감미로운 향기는 칵테일에 아주 많이 사용되며, 달걀의 비린내와 설탕의 단맛을 완화시키므로, 아이스크림이나 양과자 제조 등에도 많이 사용된다.

(1) 럼의 역사

럼의 역사는 1492년 콜롬부스에 의해 서인도제도가 발견되고 사탕수수가 그곳으로 전파되면서 시작된다. 이후 유럽과 미국을 연결하는 중요 지점으로서 유럽 여러 나라의 식민지가 되었고 설탕의 가치가 하루가 다르게 뛰어오르자 사탕의 공급지로서 중요한 공급원이 되었으며 오늘에 이르러서까지 럼의 주요 생산지가 되고 있다.

럼의 역사를 간단히 나열해 보면 다음과 같다.

❶ 17세기 중엽 바바도스 섬에서 사탕의 제당공정에서 생기는 폐액으로부터 럼이 처음으로 만들어지기 시작하였다.

❷ 18세기로 접어들자 카리브해를 무대로 빈번하게 활약했던 대영제국의 해적들에 의해 점점 보급되었다.

❸ 식민 정책(삼각무역)에 의해 럼 산업은 성장했다.

❹ 1740년경 괴혈병을 예방하기 위해 영국 해군제독 에드워드 바논이 럼에 물을 탄 것을 군함 안에서 지급했다는 기록이 있다.

❺ 1805년 트라팔가(Trafalgar) 해전에서 넬슨제독은 나폴레옹 1세의 함대를 대파했음에도 결국 전사하여 그의 시체를 고국까지 부패하지 않게 운반하기위해 럼주 속에 넣어 옮겨졌다. 이에 기인하여 영국 사람들은 넬슨 제독의 충성심을 찬양하기 위해 다크 럼을 'Nelson' s Blood' 라 하였다 한다.

(2) 럼의 주조법

럼의 원료는 사탕수수를 롤러(Roller)로 눌러 부순 뒤 여과한 당액을 그대로 쓰는 경우와 제당공정의 부산물인 당밀(Molasses)을 쓰는 두 가지 방법이 있는데 후자의 경우가 많이 사용된다. 원료가 이미 당분이므로 당화의 공정은 따로 필요치 않다. 산발효를 조장하기 위해 발효용의 천연 이스트인 버개스(Bagasse)를 첨가하는 수도 있다. 이 발효 과정에서 이스트균의 영양분으로써 발효를 돕는 작용을 하는 던더(Dunder)를 첨가하는데 이것이 럼 특유의 독특한 방향을 내게 한다.

향기를 한층 강하게 하기 위해 아카시아(Acacia) 수액이나 파인애플(Pineapple)의 즙을 첨가 발효시키는 수도 있다. Heavy Type의 럼은 단식 증류기로 하나 산지에 따라 Light Rum은 연속식 증류기로 증류하는 수도 있다.

저장은 셰리 와인의 빈 통이나 화이트 오크통의 안쪽을 그을려 사용한다. 자메이카 럼과 같이 헤비 럼의 경우 성숙 시간이 더 필요하다. 양질의 것은 10년 이상 저장하는 것도 있다.

(3) 럼의 분류

① 맛에 의한 분류

㉠. 라이트 럼(Light Rum)

- 당밀을 물로 묽게 하여 발효시킨 후 이것을 연속식 증류기로 증류하여 스테인레스 통에 단기간 저장 숙성시켜 만든다.
- 풍미가 가볍고 무색, 투명하여 칵테일 기주로 많이 이용된다.

㉡. 미디움 럼(Medium Rum)

- 라이트 럼(Light Rum)과 헤비 럼(Heavy Rum)을 혼합하는 방법으로 만들거나 헤비럼식으로 발효해서 연속식 증류기를 사용하는 방법으로 만든다.
- 헤비럼과 라이트럼의 중간색이다.

㉢ 헤비 럼(Heavy Rum)

- 당밀을 발효, 증류시킬 때 단식 증류기를 사용하며 오크통에 3년 이상 저장 숙성 시킨다.
- 감미가 강하고 짙은 갈색으로 자메이카(Jamaica)산이 유명하다.

② 색깔에 의한 분류

㉠ 화이트 럼(White Rum)

- 화이트 레벨(White Label)
- 색이 무색 투명하다.
- 맛이 부드러워 칵테일의 기주로 많이 이용된다.

㉡ 골드 럼(Gold Rum)

- 골드 레벨(Gold Label)
- 연한 갈색에 깊은 맛이 있다.

㉢ 다크 럼(Dark Rum)

- 짙은 갈색에 맛과 향이 매우 강하게 느껴지는 럼이다.

토의문제

1. 증류주에서 무색(Colorless)이 갖는 의미는 무엇인가?
2. Spirit란 무엇을 말하는가?
3. 유럽 식민지 시대의 삼각무역과 설탕혁명에 대해서 알아보자.

3) Gin(진)

진은 곡류를 발효 증류한 맑은 술에 노간주나무 열매에 두송자 향을 가미한 것으로 무색, 투명하고 선명하게 만들어진 술이다. 진의 증류는 다른 술과 달리 정류(精溜)란 말을 쓰고 있는데, 이는 두 번의 증류를 통하여 불순물이 완전히 제거되었다는 의미이며 이러한 진은 쥬스나 리큐르와 잘 어울려 칵테일의 재료로 가장 많이 사용되는 증류주이다.

(1) 진의 역사

진은 곡류를 발효, 증류한 것으로 위스키나 브랜디와 같은 증류주이다. 그러나 위스키와 브랜디는 마시기 위한 음용의 목적으로 주조를 하였다면 진은 처음부터 치료의 목적으로 환자에게 보다 쉽게 투여하기 위한 방법을 모색하던 중 만들어지게 된 약용주였던 것이다.

진의 역사를 시대별로 나열해 보면 다음과 같다.

❶ 1640년경 네델란드의 라이덴(Leiden)대학 의학교수인 프란시스쿠스 실비우스(Franciscus Sylvius)에 의해 열대성 열병에 약효가 있는 쥬니퍼 베리(Juniper berry)를 Spirit에 넣었다가 재증류하여 진을 만들었다

❷ 1689년 네덜란드의 윌리엄 3세가 영국 왕을 계승하면서 프랑스산의 와인과 브랜디의 관세를 대폭 인상하자 값싼 술을 찾던 노동자들은 네덜란드의 종교전쟁에 참

전했었던 영국 병사들에 의해 알려진 진을 마시게 되었고 점차 가격이 저렴하고 향과 맛이 뛰어난 진이 영국인의 인기를 얻게 되었다.

❸ 앤 여왕(재위 1702~1714)은 누구라도 자유로이 진을 제조할 수 있게 법률을 고쳤다(런던 증류업 조합의 전매법률 폐지). 그러자 값싸고 강렬한 이 술에 중독되어 알코올 중독자가 속출하는 결과를 나았다.

❹ 1736년 진 판매를 목적으로 'Gin 법령'이 의회를 통과했다. 많은 우여곡절과 시민들의 폭동으로 7년만의 폐지되었다.

❺ 18세기의 진은 영국 사회를 운용하는 동력원이었고 영국의 모든 생활수준에 영향을 끼쳤다.

❻ 19세기 초 연속식 증류기의 발명과 함께 영국 스타일의 진이 생산되기 시작하고 19세기 후반 비피터 증류회사의 설계자인 제임스 부로우가 진 증류기를 발명하여 영국 런던 드라이 진의 스타일이 확고하게 자리를 잡았다. 이렇게 하여 재래식의 쥬네브와는 다른 형태의 드라이 진이 생산되어 서로 다르게 구별하였다.

이것이 미국인들에 의해 칵테일의 주재료로 사용됨으로써 전 세계적으로 사랑을 받게 되었다. 그래서 이 진을 "네덜란드인들이 만들고, 영국인들이 빛을 주었고, 미국인들이 영광을 주었다."라고 말하는 것이다.

(2) 진의 주조법

① 영국 진(England Gin)

일명 런던 드라이 진이라고도 하며 영국에서 만드는 가장 유명한 진으로 세계 각국에서 호평을 받고 있다. 옥수수, 호밀, 대맥같은 곡물을 당화시켜 발효한 다음 연속 증류기로 증류하여 주정을 만든다. 이 때의 알코올은 90~95%로 곡물주정(Grain Spirit)이라고 한다. 이것을 알코올이 60%가 되도록 증류수로 희석하여 쥬니퍼 베리나 코리앤더(Coriander), 안젤리카(Angelica)의 뿌리, 레몬껍질 같은 방향성 물질을 넣고 단식 증류기로 다시 증류한다. 이렇게 증류된 알코올을 40% 정도로 조정하여 상품화시키는데 퓨젤류와 같은 불순물을 완전히 제거하기 때문에 숙성과정없이 마실 수 있는 특징이 있다. 런던 드라이 진에 2% 정도의 당분을 첨가하여 만든 것이 올드 탐진(Old Tom Gin)이고 쥬니퍼 베리 대신 다른 과일의 향으로 바꿔 만든 진을 플래버드 진(Flavored Gin)이라 한다.

② 네덜란드 진(Holland Gin)

일반적으로 런던 드라이 진에 비해 농도가 낮고 중성 주정(Neutral Grain Spirit)의 사용량이 적어 중후한 맛과 향을 가지고 있는 것이 특징이다. 원료의 성분으로는 대백과 호밀의 비율을 1:2로 혼합한 후 단식증류(Pot Still)로 3회 증류해서 알코올 성분이 55%가 되도록 만든 후 이것을 술통에 단기간 저장하고 45% 정도로 희석하여 병입 시판한다. 곡물의 냄새나 맛이 어느 정도 남아 있는 것이 특징이며 영국 진보다 두송의 맛과 향기가 강하게 베어 있다.

증류주 중 숙취로부터 회복율이 느린 순서

고량주 ➔ 브랜디 ➔ 럼 ➔ 칼바도스 ➔ 버번위스키 ➔ 라이위스키 ➔ 스카치위스키 ➔ 진 ➔ 보드카

(3) 진의 분류

① 네덜란드 진(Holland Gin, Geneva Gin)

- 맥아와 호밀의 비율을 1:2로 혼합하여 단식증류법으로 2~3회 증류하고 쥬니퍼 베리를 넣고 다시 증류해서 만든다.
- 향미가 짙고 곡물의 냄새와 맛이 남아 있어 무거운 맛과 향을 가지고 있 는 것이 특징이다.

② 런던 드라이 진(London Dry Gin)

- 진으로는 가장 우수한 품질이고 숙성이 필요 없다.

- 원료는 대맥이고 연속증류기로 증류해서 두송실과 코리엔더(Coriander)라고 불리는 향을 첨가하여 다시 단식증류기로 증류한다.

③ 아메리칸 드라이진(American Dry Gin)

- 영국에서 미국으로 건너온 진은 더욱 순하고 아주 부드럽게 만들어져 칵테일용으로 각광을 받게 되었다.

④ 올드 탐 진(Old Tom Gin)

- 영국에서 생산하며 드라이진에다 2% 정도의 당분을 넣어 만들어서 감미가 나는 진이다.

⑤ 플레버드 진(Flavored Gin)

- 리큐르 타입의 진으로 진에 두송자 대신 여러 가지 과일, 약초, 씨앗, 뿌리 등으로 향을 만든다.
- 종류로는 Lemon Gin, Orange Gin, Mint Gin 등이 있는데 스트레이트(Straight)로 마시기가 좋다.

⑥ 슬로 진(Sloe Gin)

- 야생자두(Sloe Berries)를 원료로 하며 짙은 적색에 감미와 과일 맛이 풍부하여 여성들이 즐겨 마신다.
- 이 술은 진이라기보다 코디얼(Cordial)에 가깝다.

토의문제

1. 진 법령의 내용과 목적은 무엇이었는가?
2. 영국 진과 네덜란드 진의 차이점은 무엇인가?
3. 진을 숙성하지 않는 이유는 무엇인가?
4. 진이 칵테일의 재료에 가장 많이 사용되는 이유는 무엇인가?

4) Vodka(보드카)

러시아의 토속주로 모든 국민이 애용해 왔다. 그 제조법이 알려지지 않아 전설의 술로 불리다가 1917년 러시아 혁명 이후 알려지기 시작하였다. 보드카는 초기에 감자를 원료로 사용하다가 요즘은 밀, 감자, 호밀(Rye), 사탕 비트(Sugar Beet) 옥수수(Corn) 등을 사용하여 발효 증류한 후에 자작나무 숯으로 20회 이상 여과하는데 이렇게 함으로써 특유의 알코올 냄새가 제거되어 무색, 무미, 무취의 술이 된다. 오늘날 칵테일의 기주로 많이 사용되고 있다.

(1) 보드카의 역사

보드카는 러시아의 마지막 3대에 걸친 황제들도 애음했던 술이다. 러시아하면 생각나는 것이 보드카이며 러시아의 대표적인 술이라고 할 수 있다. 오래전부터 혹한의 나라 러시아인들은 몸을 따뜻하게 하는 수단으로 보드카를 마셔왔고 노동자나 귀족 계급 할 것 없이 누구나 즐겨 마시는 술이었으니 실로 빈부의 차이를 느끼지 않는 술이다.

❶ 11~12세기경 러시아, 폴란드인이 제조하기 시작하였다.

❷ 니콜라이 2세는 맹렬한 알코올이 함유된 보드카는 건강에 좋지 않다는 이유로 알코올 도수를 40%까지로 제한하기도 했다.

❸ 1917년 러시아혁명 이후 볼셰비키 정부는 한때 보드카의 제조 판매를 금지하였으나 국민들의 강력한 요구에 철회되었고 그 후 러시아인들이 타국으로 망명하여 세계에 전파되었다.

❹ 1933년 미국의 금주법이 폐지되자 제조기술이 미국으로 전해져 대단한 인기를 끌었으며 특히 칵테일의 기주로 많이 애용되었다.

❺ 1958년 미국에서 보드카 생산량은 종주국인 러시아를 능가하여 세계 1위가 되었다.

(2) 보드카의 주조법

보드카의 원료인 옥수수, 밀, 보리 등의 곡류와 감자를 가지고 맥아를 첨가해서 당화 발효시킨 후 연속식 증류기로 알코올 도수 95% 정도의 주정을 만든다. 이것을 자작나무 숯으로 만들어진 활성탄 여과 층에 20~30회 정제를 반복하면 잡다한 맛과 퓨젤류 등의 부성분이 제거되고 순도 높은 알코올이 생성된다. 끝으로 모레를 여러 번 통과시켜 목탄의 냄새를 제거한 후 증류수로 희석하여 병입한다.

보드카가 무색, 무미, 무취의 특징을 갖게 되는 것은 바로 이처럼 자작나무 활성탄과 모레를 통과시켜 여과하기 때문이다.

보드카에 사용되는 원료

- 북유럽과 러시아 - 감자
- 미국, 영국 - 옥수수(Corn), 호밀(Wheat) 등
- 네덜란드 - 감자와 곡물을 혼합

(3) 보드카의 분류

① 중성 보드카(Neutral Vodka)

- 무색, 투명하며 대부분의 보드카가 이에 속한다.
- 증류 후 여과과정을 거쳐 별도의 숙성기간을 거치지 않고 바로 증류수로 희석시켜서 병입한 제품으로 칵테일을 만드는 기주로 많이 이용된다.

② 골드 보드카(Gold Vodka)

- 증류 후 여과과정을 거친 다음 일정기간 오크통에 저장한다.
- 연한 황갈색을 띤다.

③ 즈브로우카(Zubrowka, Zubrovka)

- 폴란드에서 생산되는 보드카로 관목의 잎을 첨가하여 엷은 갈색과 소박한 맛을 곁들인 화주이다.

- 병 속에 풀잎이 들어 있다.

④ 플레버드 보드카(Flavored Vodka)

- 보드카에 여러 가지 과실을 첨가하여 향과 맛을 입힌 보드카로 주로 스트레이트(Straight)로 마신다.
- 원료로는 오렌지(Orange), 레몬(Lemon), 라임(Lime), 민트(Mint) 등을 사용한다.

토의문제

1. 세계적으로 유명한 보드카 제품에 대해서 알아보자.
2. 진과 보드카의 유사점을 찾아보자.

5) Brandy(브랜디)

브랜디는 'Eau de vie(생명의 물)' 이란 의미로 포도 과실을 발효, 증류시켜 만든 것을 말하지만, 우리가 흔히 알고 있는 브랜디는 포도를 발효, 증류시켜 저장, 숙성한 것으로 포도가 그 원료가 된다. 그래서 브랜디를 '불에 태운 와인' 이라고도 한다. 한편 포도를 원료로 하지 않는 브랜디는 사용된 과실의 이름을 앞에 붙이게 되어 있는데, 예를 들면 애플 브랜디(apple brandy), 체리 브랜디(cherry brandy), 피치 브랜디(peach brandy) 등이 그것이다.

(1) 브랜디의 역사

14세기경 연금술사가 와인을 증류하여 만들어 낸 것이 브랜디의 시초인데 이 술을 반 브류레(Vin Brule, Eau-deVie)라고 불렀다. 이것을 네덜란드 상인이 직역해서 브란데비인(Brand-wijn)이라고 이름 지어 유럽에 널리 판매, 그것이 영국이나 프랑스에서 브랜디(Brandy)라고 불려지게 되었다.

❶ 12세기경 이탈리아의 연금술사들에 의해 시작됐다.

❷ 프랑스 아르마냑 지방에서 발견된 문헌에 따르면 1411년에 이 지방에서 '생명의 물'을 증류했다는 기록이 있다.

❸ 16세기에는 프랑스 각 지역(보르도, 파리, 알사스 등)에서도 증류했다.

❹ 17세기에 이르러 프랑스 꼬냑 지방에서는 "오드비 드 뱅(Eau-deVie)"로 불리어 졌고 종교전쟁으로 인한 포도밭이 황폐되어 포도 품질이 좋지 않음으로 Wine을 증류하기 시작하여 현재와 같이 통에 저장 숙성하게 되었다.

(2) 브랜디의 주조 과정

① 양조작업

포도품종은 폴 블랑슈(Folle Blanche), 위니블랑(Uni Blanc), 꼴롬바(Colombard) 종을 주로 사용한다. 9월에서 10월 하순에 걸쳐 포도를 수확하여 곧바로 브랜디의 원료가 되는 화이트 와인(알코올 도수 약 7~8%)이 만들어 지는데 신맛이 강하고 당도가 낮아서 와인으로서의 맛은 아주 나쁘다. 그러나 이 신맛이 고급 브랜디에는 필수불가결의 요소로 되어 있다.

② 증류

와인을 2~3회 단식 증류(Pot Still)하는데 이것은 위스키의 그것과는 차이가 있다. 첫 번째 증류에서 알코올 성분 25% 정도의 초류액이 얻어지는데 이것을 부루이이(Brouillis)라 한다. 이것을 다시 증류하여 알코올 성분 68~70%의 재류액이 얻어지는데 이것을 라본느 쇼프(La Bonne Chauffe)라 한다. 이렇게 2회 증류하면 평균 8통의 와인에서 1통의 브랜디가 된다. 더 좋은 브랜디를 얻으려면 10~15시간에 걸쳐 주의 깊게 세 번째 증류를 하는데 이러한 증류작업은 3월 31일까지 마친다.

③ 숙성

증류한 브랜디는 화이트 오크통(White Oak Barrel)에 넣어 저장한다. 술통은 새것보다 오래된 것이 좋은데 새 술통을 사용할 때에는 반드시 열탕으로 소독을 하고 다시 화이트와인을 채워 유해한 색소나 이취물질을 제거한 후 화이트 와인을 버리고 브랜디를 저장한다. 저장 기간은 최저 2년에서 20년이나, 오래된 것은 50~70년 된 것도 있다.

④ 혼합

브랜디도 위스키처럼 블랜딩(Blending)하여 제조한다. 셀러마스터(Cellarmaster)라 일컬어지는데 블랜딩은 자사의 브랜드별 고유한 맛과 이미지를 유지시켜야 하는 공정이므로 아주 중요한 핵심 과정이다.

⑤ 재 숙성 후 병입

오랜 경험과 예리한 감각을 지닌 셀러마스터에 의해 혼합된 브랜디는 다시 어느 정도 숙성기간을 거친 후 병입되어 시판된다.

(3) 브랜디의 분류

① 프랑스의 브랜디

프랑스는 질이나 양에 있어서 세계 제일의 브랜디 생산국으로 대표적인 생산지로 Cognac과 Armagnac이 있다.

1935년에 원산지 호칭 통제법(A, C)이 시행되었다.

㉠ 꼬냑(Cognac)

프랑스 Cognac지방에서 AC법에 따라 규격에 맞게 생산되는 Brandy만을 꼬냑이라 부를 수 있다. 포도 품종으로는 쌩 떼밀리옹[St.Emilion ; 위니블랑(Uni Blanc)]을 사용한다.

AC법에 따라 6개 지역이 지정되어 있다.

ⓐ 그랑드 샹파뉴(Grande Champagne)

- 석회질이 가장 많이 함유되어 있는 지역
- 가장 우수한 꼬냑을 생산하는 곳

- 브랜디의 향은 높고 전체적인(Body) 맛은 진하며 오랫동안 저장 숙성을 한다.

ⓑ 쁘띠뜨 샹파뉴(Petite Champagne)

- 그랑드 샹파뉴 지방과 견줄만한 훌륭한 꼬냑을 생산하는 지역
- 부드럽고 은은한 맛을 내며, 장기간 숙성은 하지 않는다.

ⓒ 보르드리(Borderie)

- 맛이 짙고 발랄하며, 매우 끈기가 강하다.
- 저장 숙성기간이 짧다.

ⓓ 팡 보아(Fins Bois)

- 약하고 젊은 느낌을 주는 경쾌한 꼬냑
- 단기간의 숙성

ⓔ 봉 보아(Bons Bois)

- 술의 맛과 향은 가볍고 같은 종류의 술에 블랜드 용으로 사용
- 고급품에는 사용하지 않는다.

ⓕ 보아 오르디네르(Bois Ordinaires)

- 거의 대부분이 모래땅으로 좋은 제품은 없다.
- 같은 종류의 술에 블랜드 시킬 때 사용

브랜디 상식

• **피느 샹파뉴(Fine Champagne)**

그랑드 샹파뉴의 원주 50% 이상에 쁘띠뜨 샹파뉴를 블랜딩한 제품이다.

• **꼬냑의 숙성도 표시**

꼬냑의 숙성년도는 '꽁트(Compte)'로 표시되는데 가을부터 시작하여 증류가 막 끝난 새 술은 공식적으로 '꽁트(Compte) 00'이라고 한다. 4월 1일이 되면 '꽁트 0'이 되고 그 다음해 4월 1일이 되면 '꽁트 1'이 되며 매년 하나씩 더해진다. 꼬냑이라는 이름을 붙이려면 최소한 '꽁트 1' 이상이어야 한다.

1865년 헤네시(Hennessy)사가 자기 회사 제품의 급별과 품질보증을 위하여 숙성기간에 따른 등급을 처음으로 표시했으나 회사마다 그 기준은 다르다. 숙성 연수에 따라 일반적인 표기 방법은 다음과 같다.

※ V : Very, O: Old, S: Superior, P: Pale, X : Extra

표시방법	숙성기간(년)	약자해석
★	2~5	별 하나
★★	5~6	별 둘
★★★	7~10	별 셋
★★★★★	10년 이상	별 다섯
V.O	12~15년	Very Old
V.S.O.P	25~30년	Very Special Old
X.O	40~45년	Very Special Old Pale
EXTRA	50~75년	Extra Old

㉡ 아르마냑(Armagnac)

프랑스 아르마냑 지방에서 AC법에 준하여 생산되는 Brandy이다. 포도 품종은 쌩떼밀리옹[St.Emilion;위니블랑(Uni Blanc)]을 주로 사용하고 그 외에 몇 개의 품종이 허가 되어있다. 저장연수표시는 Cognac에 준하여 사용하고 있다.

AC법에 의하여 지정된 구역

ⓐ 바 사르마냑(Bas-Armagnac)

- 에오즈(Eauze)가 중심지로 부드럽고 은은한 향의 브랜디가 생산

ⓑ 오 타르마냑(Haut-Armagnac)

- 바다로부터 멀리 떨어져 있는 지역
- 여기에서 재배된 포도로 만든 와인이나 브랜디는 일반적으로 평범하다.

ⓒ 떼나레즈(Tenareze)

- 콘돔(Condom)지역이 중심지로 생산되는 브랜디는 향이 높고 강한 맛이 있어 부드러운 바 사르마냑의 브랜디와 섞어 밸런스가 좋은 알마냑을 생산

㉢ 프렌치 브랜디 (French Brandy)

꼬냑(Cognac), 알마냑(Armagnac) 지역을 제외한 거의 모든 지역에서 생산되는 포도로 만든 브랜디를 총칭한다. 꼬냑(Cognac), 알마냑(Armagnac) 주변 또는 기타 지역에서 생산되며 증류는 주로 연속식증류기를 사용한다. 숙성은 단기간하며 오래 숙

성하여도 품질향상은 기대하기가 어려우며 일반적이고 저렴한 브랜디(Brandy)이다.

㉣ 오드비 드 뱅(Eau-devie de Vin)

프랑스의 12개 유명와인 산지에서 잉여와인을 증류해서 만든 브랜디이다.

㉤ 오드비 드 마르(Eau-devie de marc)

와인을 만들 때 압착과정 후 포도를 여과시키고 남은 포도 찌꺼기를 재 발효시켜 증류하여 만든 브랜디(13개 생산지 지정)이다. 생산지명을 표기하지만 보르고뉴(Bourgone), 샹파뉴(Champagne) 지방은 없다.

② 독일의 브랜디

독일의 브랜디(Brandy)는 라이트(Light)한 것이 특징이다.

㉠ 바인브란트(Weinbrand)

85% 이상을 서독에서 증류한 것으로 고급품이다(의무적으로 6개월 이상 숙성).

㉡ Uralt

1년 이상 숙성한 것으로 우수하다.

③ 이탈리아의 브랜디

와인(Wine) 만큼이나 종류가 많고 무거운 맛을 갖고 있다.

㉠ 브랜디(Brandy)

3년간 의무적으로 숙성시키며 단식 · 연속식 증류를 병행하여 사용하다.

㉡ 그라파(Grappa)

프랑스의 마르와 같이 와인을 만들고 남은 찌꺼기로 만든 와인으로 숙성하지 않아서 흰색이다.

④ 스페인의 브랜디

- 달고 향기가 좋다.
- 쉐리(Sherry) 만들 때에 브랜디(Brandy)를 사용

- 증류기술이 오래된 나라
- 와인(Wine)의 부산물로 제조

⑤ 포르투갈의 브랜디

스페인과 마찬가지로 와인(Wine)의 부산물로 생산

⑥ 아메리칸의 브랜디

약 200년 전 스페인의 신부가 캘리포니아(California)에 전해 왔다.
연속증류기를 사용

⑦ Fruit 브랜디(Eau-de-vie)

㉠ 칼바도스(Calvados)

프랑스 노르망디(Normandy)지역에서 생산되는 애플 브랜디(Apple Brandy)이며 향미, 향취가 좋다.

아펠라시옹 꽁뜨롤레 깔바도스 뒤 뻬이도쥐(Appellation Controlee Calvados du Pays d' Auge)법의 통제 관리하에 생산된 것에 한하여 Calvados라고 표기한다.
Apple Brandy(미국산), Apple Jack Brandy(영국산), Calvados Brandy(프랑스산)

㉡ 오드비 드 뱅 드 시드르(Eau-deVie de Cidre)

프랑스내 칼바도스를 제외한 사과를 발효 증류한 브랜디이다.

㉢ 애플 브랜디(Apple Brandy)

사과를 발효하여 증류한 Brandy이다.

㉣ 키르쉬(Kirsch)

Cherry를 발효 증류한 프랑스산 Brandy이다.

㉤ 키르쉬와써(Kirschwasser)

Cherry를 발효 증류한 독일산 Brandy이다.
그 외에 배(Pear), 나무딸기(Rasberry), 살구(Apricot) 등의 Brandy가 있다.

• 독일 오드비에는 이름 끝에 "Wasser"를 붙이는데 이 의미는 발효된 과일을 증류해서 만들었다는 것(증류주)를 나타내고 "Geist"는 알코올 과일을 담가서 우려낸 것을 가지고 만들었다(혼성주)는 것을 나타낸다.

토의문제

1. 발효와 숙성의 차이는 무엇인가?
2. 신맛이 많고 당도가 떨어지는 포도 종으로 꼬냑을 만드는 이유는 무엇인가?
4. 브랜디와 꼬냑의 차이에 대해서 알아보자.
5. 꼬냑의 맛과 향을 표현하는 여러 가지 용어들을 알아보자.

6) Tequila(데킬라)

데킬라의 원료는 '용설란' 이라는 식물이다. 멕시코가 원산인 이 식물의 잎이 마치 용의 혀같이 생겼다하여 용설란이라고 하는데, 10여 년 동안 꽃이 피지 않기 때문에 100년에 한 번 꽃이 핀다고 과장하여 '세기식물(century plant)' 이라고도 한다.

이 용설란의 일종인 아가베(Agave)에서 당분을 추출해 발효시킨 풀케(Pulque)를 증류하여 오크통 속에 숙성시키고 다시 활성탄으로 정제한 것을 메즈칼(Mezcal)이라고 하는데, 이 메스칼 중에서도 데킬라 마을에서 생산된 것만을 '데킬라' 라고 부른다.

(1) 데킬라의 역사

예로부터 남미 인디언들은 사막에서 자라는 용설란이란 식물을 발효시켜 데킬라(풀케)를 빚었다고 한다. 실제 AD 250년의 것으로 추정되는 벽화에는 발효된 데킬라를 나누어 마시는 장면이 그려져 있다.

데킬라는 스페인어로 '칭찬', '감탄' 이란 뜻을 가지고 있는데 멕시코가 스페인으로부터 독립하기 전인 1795년, 호세 쿠엘보의 아들인 안토니오 쿠엘보가 스페인의 왕 카를로스 4세로부터 데킬라를 상업용으로 생산해도 좋다는 허가를 받아 생산하기 시작한 후 세계적인 술로 자리를 굳혀 200여년이 지난 지금에도 세계 여러 나라에서 사랑을 받고 있다.

❶ 원산지는 멕시코(Mexico)로서 이 나라의 특산주이다.

❷ 최초에는 토착민에 의해 만들어졌다(Pulque)가 16세기경 스페인으로부터 증류 기술이 도입되어 데킬라(Tequila)가 생산되었다.

❸ 멕시코의 '데킬라' 라는 마을의 토속주로 그다지 고급술은 아니었으나 1960년을 전후로 세계적으로 유행한 '데킬라' 라는 재즈에 의해 선풍적으로 유명해졌으며, 특히 멕시코 올림픽(Mexico Olympic, 1968년) 이후 세계적으로 널리 알려졌다.

(2) 데킬라의 주조과정

① 아가베(Agave)

데킬라는 멕시코의 태양과 땅 그리고 신비한 블루 아가베 식물에서 시작되었다. 아가베는 성숙된 식물로 자라는데 8년에서 10년이 걸리는데 아가베의 숙성에 따라 천연 설탕이 얼마나 많이 들어 있는지가 달라진다.

② 수확(El Jimador)

아가베를 수확하는 숙련된 일꾼(Jimador)은 하루에 1톤 이상의 피나(Pina)를 수확할 수 있다.

③ 굽기(Baking)

피나를 50~72시간 동안 천천히 구워서 연하게 만든다. 많은 시간을 두고 구어진 피나의 섬유질은 연해지고 또한 아가베가 카라멜처럼 되는 것을 막아주며 달콤함과 자연적인 맛을 유지하는 비결이 된다.

④ 압착(Honey Water)

일단 피나가 부드러워 지고 차가워지면 구워진 아가베로부터 용액을 추출하기 위해 압축해서 짠다.

과거에는 돌을 사용하여 압착하였지만 현대에 들어와서 전 세계적으로 증가하는 데킬라의 수요를 충족시키기 위해 기계화되었다.

⑤ 발효(Fermention)

압착을 통해 완성된 꿀물(Honey Water)은 특별하게 만들어진 탱크에 7~12일 동안 발효를 위해 넣어둔다. 발효를 길게 하면 할수록 감칠맛은 더 나게 된다.

⑥ 증류(Distillation)

발효를 통해서 만들어진 액체는 단식증류기로 2회 증류한다.

⑦ 단기저장(Aging)

데킬라가 증류기를 떠날 때에는 물처럼 깨끗한 상태이다. 데킬라의 색깔은 오크통에서 숙성되면서 얻어지는데 레포사도와 아네호 데킬라는 아메리칸 오크통이나 프랑스 리무진 숲에서 자라는 나무를 사용한 오크통에 저장 되어진다.

⑧ 블렌딩(Blending)

데킬라의 맛과 향의 일관성을 위해 다른 오크통에 유사 기간동안 숙성된 것과 혼합되어 진다. 이 방법은 오직 El Maestro de Tequilero(데킬라 마스터)에 의해서만 이루어진다.

⑨ 병입(Bottling)

마지막 단계로 병 안에 데킬라를 담는 과정이다.

데킬라 상식

- 데킬라의 법적 규제 원료는 Agave Americana, Agave Atrovirens, Agave Azul Tequilana 등 3품종으로 한정되어 있다. Agave Americana와 Agave Atrovirens를 발효해서 만든 술을 풀케(Pulque)라고 하며 이것을 증류한 것이 메즈칼(Mezcal)이다.
- Agave Azul Tequilana를 사용한 것을 51% 이상 함유해야 데킬라라는 이름을 붙일 수 있다.

(3) 데킬라의 분류

① 데킬라 블랑코(Tequila Blanco, 화이트 데킬라)

- 무색, 투명하여 칵테일에 주로 사용되고 가볍고 샤프한 맛이다.
- 용설란을 발효시킨 후 단식증류기로 두 번 증류하여 스테인레스 통에 단기간 저장한다.

② 데킬라 레포사도(Tequila Reposado)

- 오크통에 2개월 이상 숙성한 것으로 약간 황색을 띠고 있다

③ 데킬라 아네호(TEquila Anejo, 골드데킬라)

- 스페인어로 올드(Old)를 뜻하며, 주로 스트레이트(Straight)로 마신다.
- 데킬라 블랑코와 만드는 방법은 같지만 1년 이상 오크통에 저장, 숙성하여 만든다.

토의문제

1. 데킬라와 메즈칼의 차이점은 무엇인가?
2. 데킬라의 음용방법들을 알아보자.
3. 데킬라를 마실 때에 소금과 레몬을 함께 먹는 이유는 무엇인가?

4 혼성주(Compounded Liquor)

리큐르는 과일이나 곡류를 발효시킨 알코올에 정제한 설탕으로 감미를 더하고 과일, 향초류, 약초류, 초근목피의 침출로 향미를 붙인 혼성주이다. 일명 액체의 보석이라고 일컬어지며 색, 맛, 향, 알코올의 조화가 균형을 이룬 것이 특징이며 주로 식후주로 애용된다.

1) 혼성주의 역사

고대 그리스 의성(醫聖) 히포크라테스가 약초를 와인에 녹여서 약용으로 사용했던 것이 그 기원이며 그 후 증류에 의한 리큐르를 최초로 만든 것은 아르노드 빌누브(Arnaude Villeneuve)와 그의 제자 레이몽 류르(Raymond Lulle)에 의해서였다. 당시에는 증류주에 레몬, 장미, 오렌지의 꽃 등과 Spicy류를 가하여 만들었기 때문에 이뇨, 강장에 효과가 있어 의약품으로 사용되었다. 지금과 같이 증류주를 기본으로 한 리큐르의 출현은 13세기경부터이다.

❶ 중세기 연금술사들이 증류주에 약초, 향초를 넣어서 '생명의 물'을 만들려고 하다가 이 비법의 술을 만들게 되었는데 이것이 리큐르의 시초이다.

❷ 리큐르라는 이름은 술에 여러 가지를 녹여서 만들었다고 하여 라틴어의 Liquefacere(리퀘파세르 : 녹는다, 녹이다)라고 부르던 데에서 유래하였는데, 후에 이 말이 불어의 Liqueur로 불리게 되었다.

❸ 이 기법은 연금술사에게서 수도원의 승려에게 전수되어 특이한 리큐르가 많이 생산되게 되었다.

❹ 1553년 이탈리아 피렌체의 까뜨리네 드 메디치(Catherine de Medicis)가 프랑스 앙리 2세의 왕비가 되었을 때 수행한 요리사가 포플로(Populo)라는 리큐르를 파리에 소개했다는 기록이 있다.

❺ 18세기에는 서구의 식생활이 눈부시게 향상되어 미식학의 싹이 트자 입에 부드러운 과일의 향미를 주체로 한 단맛의 리큐르가 많이 생산되었다.

❻ 19세기 후반에 연속식 증류기의 개발로 더욱 세련된 품질의 고농도 알코올을 포함한 리큐르가 생산되었다.

오늘에 이르러 혼성주는 칵테일 제조에 있어서 빼놓을 수 없는 아주 중요한 주재료 및 부재료이다.

리큐르(Liqueur)의 명칭

- 프랑스 : 리퀘르(Liqueur)
- 영국 : 리큐르(Liqueur)
- 독일 : 리코르(Likor)
- 영국 · 미국 : 코디알(Cordial)

2) 혼성주의 주조법

(1) 증류법(Distillation)

방향성의 물질인 식물의 씨, 잎, 뿌리, 껍질 등을 강한 주정에 담아서 부드럽게 한 후에 그 고형물질의 전부 또는 일부를 남겨놓은 채 침출물을 증류하는 것이다. 이렇게 얻은 알코올에 설탕 또는 시럽의 용액과 야채 엑기스나 카라멜 형태로 된 염료를 첨가하여 감미와 색을 낸다.

(2) 침출법(Maceration), 침적법 (Infusion)

증류하면 변질될 수 있는 과일이나 약초, 향료 따위를 알코올 농도가 높은 화주에 넣어 열을 가하지 않고 일정한 기간 동안 향미성분을 용해시켜 이것이 술에 베어들면 여과시키는 방법이다.

(3) 에센스법(Essence)

주정에 천연 또는 합성의 향료를 배합하여 여과한 후 사카린을 첨가하여 만드는데 이런 제품은 품질이 좋지 않고 값이 싸다.

(4) 여과법(Percolation)

커피 만드는 방법과 비슷하다. 허브 등의 재료를 커피 여과시키는 것처럼 기계의 맨 윗부분에 놓고 Spirit은 밑 부분에 놓는다. 열을 가하여 알코올이 함유된 증기가 윗부분의 향료를 통하여 지나가면 액화시키거나 Spirit 자체가 위로 펌프 되면서 향료에 접하게 되어 얻어진 알코올에 당분을 가미하고 색깔도 첨가하는데, 첨가 후 다시 여과시킨다.

(5) 여출법

여과법과 비슷한 방법이다. 탱크 상부에 재료를 넣은 광주리 또는 자루를 넣어주고 탱크 내의 Spirit을 되풀이해서 상하 운동시켜 재료가 갖는 성분과 향미를 알코올에 옮긴다.

3) 혼성주의 분류

(1) 리큐르(Liqueur)의 종류

① 과실류(Fruits)

• 꼬잉뜨로(Cointreau, 30~40℃)

오렌지가 원료인 프랑스산 리큐어

• 트리플 섹(Triple Sec, 30~40℃)

오렌지 껍질, 브랜디, 설탕을 원료로 한 것

• 그랑 마니에르 (Grand Marnier, 40℃)

오렌지를 주원료로 한 골든 브라운 색의 프랑스 브랜디

• 체리브랜디(Cherry Brandy, 25~30℃)

칼쉬와써(Kirshwasser) 또는 중성주정에 체리를 주원료로 하여 시나몬(Cinamon), 클로브(Clove) 등의 향료를 침전시켜 만드는 리큐르

• 마가스키노(Maraschino)

이탈리아와 유고슬라비아의 국경에 많이 재배되고 있는 마라스카종의 체리를 사용하여 발효시킨 후 세 번을 증류하여 숙성시킨 원액에 스피리츠, 물, 시럽 등을 첨가하여 만든 무색 투명한 리큐르

• 크렘 드 카시스(Creme de Cassis)

까막까치밥 나무(프랑스어 : Cassis, 영어 : Black Currant)의 열매를 수 확하여 곱게 부순 후 스피리츠, 와인등에 담그고 당분을 넣어 숙성시킨 뒤 여과하여 만든 달콤한 리큐르

• 크렘 드 프렘보이즈(Creme de Framboeses)

라즈베리를 알코올 주정에 담가서 숙성한 후 여과하여 당분을 첨가하여 만든 리큐르

• 블랙베리 리큐르(Blackberry Liqueur)

증류주(Spirit)를 기초로 하여 검은 딸기와 설탕을 넣어 만든 달콤한 리큐르

• 아플리콧브랜디(Apricot Brandy)

브랜디에 살구와 여러 가지 향료를 첨가하여 당분과 함께 침지법을 사용하여 만든 리큐르

• 슬로진(Sloe Gin)

유럽에서 많이 자리는 야생자두(Sloe berry, 오얏나무의 열매)를 스피리 츠에 침지하여 쥬니퍼 베리의 향을 첨가하여 만든 리큐르

• 멘달린(Mandarine)

밀감을 원료로 만달린 과실과 약초를 알코올 주정에 담가 짙은 향미가 있는 리큐르

• 스트로 베리(Straw berry)

화란 딸기를 원료로 하여 Brandy에 침지하여 만든 리큐르

• 피치 브랜디(Peach Brandy) = Peach Liqueur

복숭아를 주원료하여 만든 리큐르

• 크렘 드 바나나(Creme de banana)

스피리츠에 신선한 바나나와 당분을 첨가하여 바나나맛이 나도록 만든 리큐르

• 멜론 리큐르(Melon Liqueur)

식물의 약초성분에 멜론의 향미를 첨가한 리큐르

• 써던 컴포트(Southern Comfort)

버번위스키에 복숭아 향미를 첨가한 리큐르

② **종자류**(Beans & Kernels)

• 깔루아(Kahlua)

럼베이스에 멕시코산 커피를 주원료하여 만든 커피리큐르

• 티아 마리아(Tia Maria)

브랜디베이스에 자메이카산 블루마운틴 커피로 만든 리큐르

• 크렘 드 카페(Creme de Cafe)

프랑스의 커피리큐르

• 크렘 드 모카(Creme de Moka)

프랑스어로 Mocha 라고 하며 커피를 주원료로 하여 브랜디와 당분을 첨가하여 만든 커피 리큐르

• 말리부(Malibu)

자메이카산 라이트럼에 카리브해 지역에서 생산되는 코코넛과 당분을 첨가하여 만든 무색 투명한 리큐르

• 아마레또(Amaretto)

살구핵을 물에 침지, 증류하여 아몬드향과 비슷한 향을 만들어 향초 성분과 혼합하고 시럽을 첨가해서 만든 리큐르

• 아만다(Amanda)

아마레또의 일종

• 크렘 드 카카오(Creme de Cacao)

카카오씨를 주원료로 하여 카카오향과 바닐라향을 가미하여 만든 카카오 리큐르

③ **약초, 향초류**(Herbs & Spices)

• 아니세트(Anisette)

회향의 일종으로 향이 나며 아니스 열매(Aniseed), 레몬껍질, 코리엔더(Coriander) 등의 향미를 첨가한 리큐르

• 압생트(Absinthe)

아니스(Anis)씨와 감초 그리고 쑥의 수종의 약초와 향료를 원료로 배합하여 만든 리큐르

• 뻬르노(Pernod)

아니스 외에 약 15종류의 향료를 사용하여 만든 리큐르

• 베네딕틴(Benedictine)

쥬니퍼베리, 민트(Mint), 아니카(Arnica : 약초), 넛맥 등 약 27종의 약초와 향초를 주원료로 하여 중성주정에 침지한 후 증류하여 참나무 통속에서 숙성을 하여 만든 리큐르

• 비앤비(B & B)

베네딕틴을 60% 정도 넣고 나머지 40%는 5~6년 정도 숙성된 꼬냑을 사용하여 베네딕틴의 단맛을 완화시켜 만든 리큐르

• 드람뷰(Drambuie)

스카치 위스키를 기본주로 해서 꿀(Honey), 약초류(Herbs)를 가하여 단맛이 나게 한 리큐르

• 갈리아노(Galliano)

이디오피아 전쟁의 용감한 장군인 갈리아노 소령의 영웅적인 업적을 기리기 위해 만들어진 리큐르

• 삼부카(Sambuca)

아니스(Anis) 및 여러 가지 부재료가 사용되었으며 스텐레스통에서 숙성시켜 만든

무색 투명한 리큐르

• 아이리쉬 미스트(Irish Mist)

아이리쉬 위스키에다 10여종의 향초와 히스(Heath)의 꽃에서 얻은 벌꿀을 배합하여 숙성시킨 술

• 캄파리 비터(Campari Bitter' s)

럼에다 비터오렌지, 캐러웨이, 코리엔더 등의 향료를 사용하여 만든 리큐르

• 앙고스트라 비터(Angostura Bitters)

럼에다 40~80여종의 약초와 향초를 사용해서 만든 리큐르하여 만든 리큐르

• 크렘 드 바이올렛 or 이벳(Creme de Violett or Yvette)

제비꽃이나 기타 향초류를 주정에 담가 만든 아름다운 보랏빛으로 오랑캐꽃(제비꽃)의 색과 향기를 가진 리큐르

(2) 스파이스(Spicy)류

① Bitters(비터)

쓴맛을 내는 약(향료와 함께)을 배합한 술로서 아페리티프(aperiitif:식사 전에 식욕을 돋우기 위해 마시는 술), 건위 강장제, 칵테일용 향미제로 이용된다.

• **비터의 종류**

㉠ 앙고스트라 비터(Angostra Bitters)

- 세계적으로 유명하며 칵테일용으로 쓰인다.
- 칵테일은 위를 상하게 하기 때문에 이것을 한 두 방울 섞어서 중화시킨다.

㉡ 오렌지 비터(Orange Bitters)

- 쓴 귤 껍질의 엑기스를 뽑은 것이다.
- 쓴맛 이외에 오렌지의 향기가 있기 때문에 칵테일용으로 이용된다.
- 캄파리 비터(Campari Bitters)가 유명하다.

② Vermouth[베르뭇(이태리), 버무스(영어)]

와인을 베이스로 40여종의 약재가 포함된 혼성 포도주로서 원래 식전에 식욕을 촉진하기 위하여 애피타이저 와인으로 만든 것이지만 칵테일용으로 많이 이용된다.

• 버무스의 종류

㉠ Dry Vermouth

- 생산지 : 프랑스 (Noilly prat가 최초로 창제)
- 원료 : 화이트와인(White Wine)을 베이스로 만든다,
- Color : 무색(Crystal)
- 맛 : Dry (씁쓸한 맛), 초근목피향 첨가한다.

㉡ Sweet Vermouth

- 생산지 : 이태리 (Torino 에서 Martini가 최초로 창제)
- 원료 : 레드와인(Red Wine)을 베이스로 만든다.

토의문제

1. 칵테일과 폭탄주는 무엇이 다른가?
2. 우리나라 폭탄주의 역사와 종류에 대해서 알아보자.

5 칵테일의 부재료

1) Juice(쥬스)류

과실음료란, 과실즙을 재료로 하여 만든 음료로서 알코올을 함유하고 있지 않은 것을 말한다. 여러 가지가 생산되고 있지만 칵테일용으로는 100% 무가당 원액 쥬스를 사용하는 것이 좋으며 칵테일에 많이 사용되는 쥬스는 다음과 같다.

(1) Lime Juice(라임 쥬스)

신맛이 가장 많이 나는 쥬스로서 너무 많이 사용하면 역겨운 냄새가 나므로 잘 조절하여 사용한다. 과일을 구하기가 어려우므로 가공품을 쓰는데 가당과 무가당 두 가지가 있으므로 처방대로 사용하여야 한다.

(2) Lemon Juice(레몬 쥬스)

칵테일 조주 시 신맛을 내기 위해 가장 많이 사용되는 쥬스로서 과일을 쓰는 것이 좋으나 가공품을 사용해도 된다. 과일은 빛깔이 곱고 광택이 있는 것을 구입해야 한다.

(3) Grapefruit Juice(자몽 쥬스)

산뜻한 신맛을 가지고 있으며 피로회복이나 피부미용 등 건강 쥬스로 잘 알려져 있다.

(4) Orange Juice(오렌지 쥬스)

칵테일에 사용되는 오렌지 쥬스는 100% 원액만을 사용해야 한다.

(5) pineapple Juice(파인애플 쥬스)

풍부한 향과 단맛을 가지고 있는 100% 파인애플 쥬스를 사용해야 한다.

(6) Cranberry Juice(크랜베리 쥬스)

대부분 수입되는 것으로 사용하는데 이는 100% 원액이 아닌 경우가 많으므로 양을 잘 조절해서 사용해야 한다.

(7) Tomato Juice(토마토 쥬스)

토마토를 매번 짜서 쓰기가 불편하므로 가공한 것을 많이 사용한다. 칵테일에는 자주 사용되지 않지만 대표적 건강 쥬스이다.

2) 탄산음료

탄산음료(CO_2)는 청량감을 주며, 미생물의 발육을 저지하여 과실향을 오랫동안 보존하는 역할을 한다.

(1) 소다 워터(Soda water)

탄산가스와 무기염류를 함유한 물로서 위스키와 잘 어울린다. 거품이 잘 일어나고 지속성이 있는 것이 좋다. 물 그 자체에 탄산가스만 들어 있기 때문에 독한 술을 마실 때 체이서(Chaser)로도 많이 사용되며, 칵테일을 만들 때에는 칵테일의 맛은 변화시키지 않으면서 알코올 도수는 떨어뜨리고 산뜻한 맛을 낼 때 사용하는 음료이다.

- 체이서(Chaser) : 독한 술 따위를 스트레이트(Straight)로 마신 후 또는 희석시켜 마시기 위해 기주(Base)에 곁들여 제공하는 물, 티(Tea), 청량음료 등을 말한다.

(2) 토닉 워터(Tonic water)

영국인에 의해 개발된 보건음료로서 소다수에 키니네(Quinine)성분을 첨가하여 만든 물이다. 진(Gin)과 섞어서 마시는 것으로 세계에 널리 알려졌으며, 무색투명한 증류주라면 어떠한 것과도 잘 어울린다.

(3) 칼린스 믹서(Collins mixer)

소다수에 레몬과 설탕성분을 혼합한 것으로 카카오, 슬로우 진같은 리큐르와 잘 어울린다.

(4) 진저에일(Ginger ale)

아열대산의 생강향이 있는 탄산음료로서 소다수에 생강향과 클로브, 레몬, 시나몬 등의 향료를 첨가하여 당분과 카라멜 색소를 착색한 것으로 브랜디와 진에 잘 어울린다.

(5) 콜라(Cola)

콜라 열매의 엑기스를 사용하여 만든 탄산음료로서 카페인 성분이 함유되어 있고 버번위스키와 럼에 잘 어울린다.

(6) 사이다(Cider)

구연산과 감미료 탄산가스를 함유한 음료이다.

3) Syrup(시럽)류

물에 설탕을 넣어 끓인 다음 과일이나 식품의 향을 가미한 것으로 종류가 여러 가지이다.

(1) Grenadine Syrup(그레나딘 시럽)

당밀에다 석류를 주 원료로 해서 만든 붉은 색의 달콤한 시럽으로 칵테일에서 사용되는 시럽 중 가장 많이 쓰이며 주로 색깔을 내기 위해서 사용한다.

(2) Maple Syrup(메이플 시럽)

사탕 단풍나무의 수액을 짜서 만든 것으로 칵테일에는 잘 사용하지 않고 주로 핫케이크 위에 뿌려먹는 시럽이다.

(3) Plain Syrup(플레인 시럽)

조주 작업시간을 단축시키기 위해 물과 설탕을 1:1이나 1:3으로 완전히 끓인 후 약한 불에 놓고 서서히 끓이면서 물기를 적당히 제거 한 후 사용한다.

(4) Gum Syrup(검 시럽)

플레인 시럽을 오래 두면 설탕 덩어리가 바닥에 가라앉는데 이것을 방지하기 하여 아라비아(Arabia)의 검 분말을 섞어서 만든 시럽이다.

(5) Blackberry Syrup(블랙베리 시럽)

당밀에 검은 딸기의 풍미를 가한 시럽이다.

(6) Raspberry Syrup(라즈베리 시럽)

당밀에 나무딸기의 풍미를 가한 시럽이다.

4) Ice(얼음)류

칵테일에 사용되는 얼음은 물에 잘 녹지 않는 단단한 것이어야 하며, 얼음 속에 공기가 들어가 있지 않고 냄새가 없는 투명한 것이어야 한다.

(1) Block Ice(블럭 아이스)

1kg이상의 덩어리 얼음으로 보통 파티나 축제 때 대량으로 만들어 놓은 펀치(Punch)나 컵(Cup)을 오랜 시간 동안 차게 하기 위하여 사용하는 얼음이다.

(2) Lump Ice(럼프 아이스)

주먹만한 크기의 덩어리 얼음으로 온 더 락스(On the rocks)를 할 때 많이 사용된다.

(3) Cracked Ice(크렉크드 아이스)

덩어리 얼음을 송곳(Ice Pick)으로 깬 얼음으로 직경 3~4㎝ 정도 되는 얼음이다. 모양은 불규칙하나 글라스를 냉각시킬 때, 쉐이커 또는 믹싱 글라스를 사용할 때, 롱 드링크를 만들 때에 사용한다.

(4) Cube Ice(큐브 아이스)

입방체 모양의 네모반듯한 각 얼음 칵테일 조주 시 가장 많이 사용하는 얼음으로 일정한 크기의 틀에 얼린 얼음이다. 쓰임새는 크랙크드 아이스와 같다.

(5) Crushed Ice(크러쉬드 아이스)

큐브아이스보다 작은 알맹이로 보통 콩알크기형태의 으깬 얼음으로 열대성 칵테일을 만들 때 많이 사용하는 얼음이다.

(6) Shaved Ice(쉐이브드 아이스)

가루얼음으로 프로즌 스타일(Frozen Style), 프라페 스타일(Frappe Style)의 칵테일에 주로 사용한다.

5) 그 밖의 부재료

(1) 계란(Egg)

칵테일에 사용되는 계란은 중란을 사용하며 항상 신선한 것을 사용해야 한다. 칵테일을 만들기 전에 알끈은 꼭 제거시켜야 하며 잘 풀리지 않기 때문에 쉐이크 할 때도 보통 때보다 2~3배 정도 많이 해줘야 한다.

(2) 우유(Milk)

일반적 마시는 우유를 사용하되, 신선한 것인지 잘 확인하고 써야 한다.

(3) 생크림(Light cream)

유지방을 많잉 함유한 것을 크림이라고 하는데, 일반적으로 바(bar)에서 사용하는 크림은 유지방 18~25% 정도 함유하고 있는 라이트 크림을 말한다.

(4) 코코넛 크림(Coconut Cream)

열대지방에서 자라는 야자열매인 코코넛의 천연 과즙으로 만든 크림이다. 제품화된 것 중에는 농축시킨 것, 가루로 된 것, 희석시킨 것 등 여러 가지가 있지만 칵테일에 사용되는 것은 농축시킨 것이 가장 좋다.

이외에 소금, 후추, 설탕, 우스터소스, 타바스코소스 등이 있다.

6절 칵테일의 기구와 글라스

1 Tools(칵테일 기구)

스텐다드 쉐이커 (Standard Shaker)	지거(Jigger) Measure Cup	바 스푼 (Bar Spoon)	얼음통 (Ice Pail)	얼음집게 (Ice Tong)

얼음송곳 (Ice Pick)	포우러 (Pourer)	스토퍼 (Stopper)	스트레이너 (Strainer)	스퀴저 (Squeezer)

보스톤 쉐이커 (Boston Shaker)	아이스 스굽 (Ice Scoop)	페링 나이프 (Paring Knife)	스핀들 믹서 (Spindle Mixer)	블렌더 (Blender)
	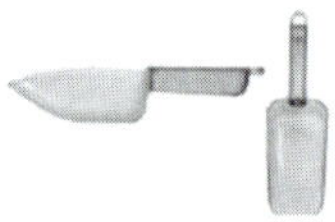			
제빙기 (Ice Machine)	아이스 크루서 (Ice Crusher)	도마 (Chopping Board)	머들러 (Muddler)	가니쉬 스틱 (Garnish Sitck)
		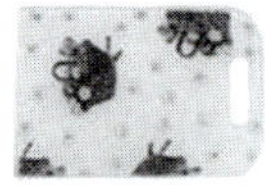	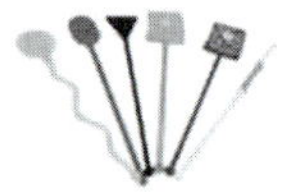	
콜크 스크류 (Cork Screw)	스트로우 (Straw)	캔 오프너 (Can Opener)	오프너 (Opener)	코스터 (Coaster)
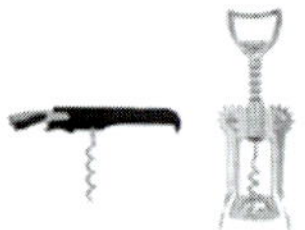	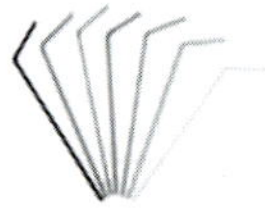			
쟁반 (Tray)	디캔터 (Decanter)	글라스 림머 (Glass Rimmer)	와인 쿨러 (Wine Cooler)	스토어 앤 푸어 (Store & Pour)

① 스텐다드 쉐이커(Standard Shaker)

리큐르나 계란, 설탕, 꿀, 시럽, 크림 등 용해가 어려운 재료들을 잘 섞이게 함과 동시에 차갑게 하는 도구로써 뚜껑(Cap), 몸통(Body), 걸름기(Strainer) 세 부분으로 구성되어 있다. 재질은 스테인레스가 가장 좋고, 크기는 3, 4인용의 중간 것이 좋다.

② 보스턴 쉐이커(Boston Shaker)

과일시럽이나 쥬스 등을 사용한 열대성 칵테일을 만들 때 쉐이크하는 기구로써 스트레이너는 없이 믹싱 글라스와 믹싱 틴(Tin)의 두 부분으로 나누어진다. 이는 유리컵에 얼음과 재료를 넣고 믹싱 틴을 닫고 쉐이크한 후 음료를 제공하는 아메리칸 스타일의 쉐이커이다.

③ 지거(Jigger)

각종 주류와 부재료를 재는 표준 용량의 금속성 글라스로써 장구모양으로 두 개의 컵이 마주 붙어 있는데, 윗부분은 1온스(약 30㎖)이고 아랫부분은 1$\frac{1}{2}$온스(약 40㎖)이다. 1지거라 함은 1$\frac{1}{2}$온스를 말한다. (참고 : 온스의 용량은 미국식과 영국식이 차이가 있는데, 미국은 29.6㎖, 영국은 28.4㎖이다.

④ 바 스푼(Bar Spoon)

믹싱 스푼 또는 롱 스푼이라고도 하며 일반 스푼보다 자루가 길고 한쪽 끝부분은 작은 스푼으로 다른 한쪽은 포크 형태로 되어 있다.

주로 믹싱 글라스 재료를 섞거나 소량을 잴 때 사용되고 레이어(Layer) 기법(빌드 기법의 한 종류)을 조주할 때 사용된다.

⑤ 얼음 통(Ice Pail)

아이스 바스킷(Ice Basket)이라고도 하며, 얼음을 넣어 보관해 두는 용기이다.

⑥ 얼음집게(Ice Tone)

얼음을 집기 쉽도록 끝이 톱니 모양으로 된 집게이다. 얼음은 손으로 집지 않고 반드시 아이스 텅을 사용한다.

⑦ 얼음 송곳(Ice Pick)

얼음을 잘게 부술 때 사용하며 송곳을 얼음 결에 따라 얼음 중심에 픽을 막으며 깨뜨린다.

⑧ 포우러(Pourer)

술의 양을 조절하기 위해 병 입구에 부착시키는 보조 병마개로써 주류를 따를 때 흘리지 않도록 병에 끼워서 사용한다.

⑨ 스토퍼(Stopper)

콜라나 사이다, 샴페인 같이 탄산가스가 들어 있는 병에 마개를 개봉한 후 탄산가스가 날아가지 않게 막아 놓는 기구이다.

⑩ 스트레이너(Strainer)

믹싱 글라스에서 만든 칵테일을 글라스로 옮길 때 얼음이 잔에 들어가지 않도록 하는 기구로써 믹싱 글라스 가장자리에 대고 안에 든 음료를 따르면 얼음이 흐르는 것을 막아준다. 스텐다드형 쉐이커의 경우 바디와 캡 사이에 끼워 사용한다.

⑪ 스퀴져(Squeezer)

레몬이나 오렌지, 라임 등 과일류의 즙을 짜기 위한 도구로서 가운데가 돌출된 용기이다.

유리제, 스텐인레스제, 도자기제, 플라스틱제 등이 있으며 큰 것이 좋다.

⑫ 아이스 스쿱(Ice Scoop)

칵테일을 조주시 얼음을 떠 담기 위한 도구로써 스테인레스 제품과 플라스틱 제품 등이 있다. 대형과 소형 두 가지를 다 준비하는 것이 좋다.

⑬ 페링 나이프(Paring Knife)

레몬이나 오렌지 등의 과일을 자르거나 조리할 때 쓰는 칼로 요긴하게 사용된다.

⑭ 스핀들 믹서(Spindle Mixer)

미국에서 개발된 전동식 쉐이커로써 큰 메탈 컵에 재료를 넣고 스핀들 믹서에 장착하면 소형 프로펠러가 컵 속에서 자동적으로 급속히 회전하여 재료를 재빨리 혼합시켜준다. 쉐이커보다 작업시간이 빨리 끝나고 프로펠러 회전 중에 다른 작업을 할 수 있는 장점이 있다.

⑮ 블랜더(Blender)

과일이나 혼합하기 어려운 재료들을 섞거나 프로즌 스타일의 칵테일을 만들 때 사용된다.

⑯ 제빙기(Ice Machine)

칵테일용 얼음을 제조하는 기계이다.

⑰ 아이스 크루셔(Ice Crusher)

크루셔 아이스(잘게 갈아 낸 얼음)를 만들기 위한 수동형, 전동형의 얼음 분쇄기로써 자동 팥빙수 기계를 사용해도 좋다.

⑱ 도마(Chopping Board)

일반 가정에서 사용하는 도마와 같은 것으로 과일장식이나 재료의 커팅시 사용된다.

⑲ 머들러(Muddler)

레몬조각 등을 눌러 즙을 내거나 잔의 내용물을 저을 때 사용된다.

⑳ 가니쉬 스틱(Garnish Stick)

체리나 올리브 등의 장식을 꽂을 때 사용하는 것으로 칵테일 핀, 칵테일 픽이라고도 한다.

㉑ 코르크 스크류(Cork Screw)

와인의 코르크 마개를 딸 때 사용하는 기구로써 와인 오프너라고도 한다. 끝부분이 나선형 모양으로 손잡이가 부착되어 있다.

㉒ 스트로우(Straw)

장식으로 쓰는 것은 드링킹 스트로(Drinking Straw)라고 부르며, 짧고 가느다란 것은 칵테일을 혼합시키기 위한 것으로 스터링 스트로(Stirring Straw)라고 부른다. 음료를 마실 때 사용하며, 장식 효과도 있다.

㉓ 캔 오프너(Can Opener)

통조림류의 캔류를 딸 때 사용하는 도구이다.

㉔ 오프너(Opener)

병마개를 따는 도구이다.

㉕ 코스터(Coaster)

글라스의 받침으로 칵테일을 손님에게 내놓기 전에 먼저 깔아 두는 것이다. 글라스에 맺힌 물방울을 흡수하며 소리 흡수 또는 광고의 효과를 갖는다. 유리제나 금속제는 좋지 않다.

㉖ 쟁반(Tray)

음료나 글라스 등을 운반하기 위한 도구이며, 고무와 같이 바닥이 미끄럽지 않은 재질로 만들어진 것이 좋다.

㉗ 디캔터(Decanter)

레드와인의 침전물 등을 미리 가라앉게 하기 위한 용도이지만, 체이서와 같이 사이드 음료를 담아 제공하기 위해 사용되기도 한다.

㉘ 글라스 림머(Glass Rimmer)

소금이나 설탕 등의 잔 발림(Frost)을 좀 더 편리하게 하기 위해 만들어진 도구이다. 스폰지에 레몬주스나 라임믹스 등을 미리 적셔 놓는 것이 좋다.

㉙ 와인쿨러(Wine Cooler)

얼음을 담아 샴페인이나 와인 등을 차게 만들기 위해 사용되는 용기이다.

㉚ 스토어 앤 푸어(Store & Pour)

믹스류나 주스류 등을 사용하기 알맞은 만큼 미리 따라 놓기 위해 사용되는 용기이다.

2 Glass(글라스)

리큐르 글라스-1oz (Liqueur Glass)	칵테일 글라스-3oz (Cocktail Glass)	사워 글라스-4oz (Sour Glass)	올드패션 글라스 6-oz (Old Fashioned Glass)

하이볼 글라스-8oz (High-ball Glass) Tumbler	콜린스 글라스 -10~12oz (Collins Glass)	스트레이트 글라스-1oz (Straight Glass)	쉐리 글라스-2oz (Sherry Glass)
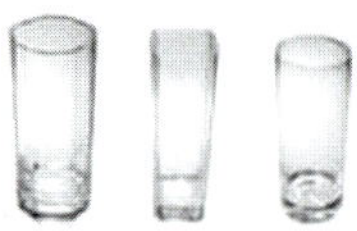			
샴페인 글라스-4oz (Champagne Glass)	와인 글라스-5~6oz (Wine Glass)	브랜디 글라스-8oz (Brandy Glass)	고블렛 글라스-10oz (Goblet Glass)
		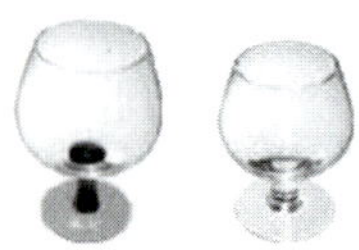	
마가리타 글라스 (Margarita Glass)	필스너 글라스 (Pilsner Glass)	튤립 글라스 (Tulip Glass)	
	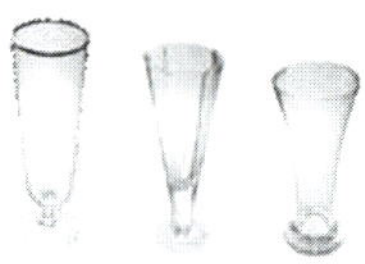	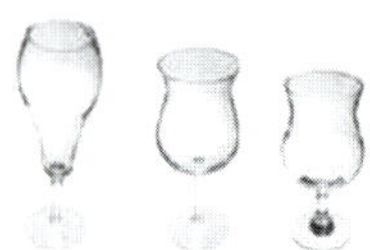	

① **리큐르 글라스**(Liqueur Glass)

코디얼 글라스(Cordial Glass)라고도 부르며 엔젤스 키스(Angel's Kiss), 푸스카페(Pousse Cafe) 등의 칵테일에도 사용된다. 용량은 1온스(30㎖)로 리큐르나 위스키, 스피리츠 등을 스트레이트로 마실 때에도 사용된다.

② **칵테일 글라스**(Cocktail Glass)

기본적인 형태는 역삼각형에 다리가 달린 것이지만 우아한 곡선이 있는 것 등 여러 가지 변형적인 형태도 있다. 글라스를 많이 기울이지 않아도 칵테일을 마실 수 있도록 디자인되었으며 용량은 3온스(90㎖)가 표준이다.

③ **사워 글라스**(Sour Glass)

위스키 사우어, 진 사우어같은 사워 칵테일을 마실 때 사용하는 글라스로서 다리가 달린 글라스가 대부분이지만 평평한 타입도 사용되고 있다. 용량은 4온스(120㎖)가 표준이다.

④ **올드 패션드 글라스**(Old Fashioned Glass)

록 글라스(Rock Glass)라고도 하며 위스키나 스피리츠, 칵테일 등을 온더록스(On the Rocks) 스타일로 마실 때에 널리 사용된다. 용량은 120~180㎖ 정도이다.

⑤ **하이볼 글라스**(High-ball Glass) = Tumbler

롱 드링크나 비 알코올의 칵테일, 과일주스 등에 사용되는 글라스이며 일반적으로 컵이라고 부르기도 하고, 또 하이볼에도 많이 사용되기 때문에 하이볼 글라스(High-ball Glass)라고도 부른다. 표준적으로 사용하는 것은 8온스(240㎖)이다.

⑥ **콜린스 글라스**(Collins Glass)

원통형의 키가 큰 글라스로 침니 글라스(Chimney Glass, 굴뚝), 톨 글라스(Tall Glass, 키가 큰)라고도 불린다.

탐 칼린스나 탄산음료, 발포성 와인 등을 사용한 탄산가스가 함유된 칵테일에 사용되며, 텀블러에 비해 키가 크고 입구의 직경이 작으므로 탄산가스가 오래간다. 용량은 300~360㎖ 정도이다.

⑦ 스트레이트 글라스(Straight Glass)

위스키를 스트레이트로 마실 때 사용하며, 샷 글라스(Shot Glass), 스트레이트 글라tm(Straight Glass)라고도 하는데, 'Shot'이란 '1잔'이라는 뜻이다. 크기는 싱글(Single, 30㎖), 더블(Double, 60㎖)의 두 가지가 있다.

⑧ 쉐리 글라스(Sherry Glass)

스페인 특산의 주정 강화 와인인 셰리를 마실 쓰는 글라스이며, 크기는 리큐르 글라스와 와인 글라스의 중간 크기이다. 위스키나 스피리츠를 스트레이트로 마실 때에도 이용되며, 용량은 60~75㎖ 정도(표준은 60㎖이다)

⑨ 샴페인 글라스(Champagne Glass)

㉠ Saucer Champagne Glass(샴페인 글라스 - 소서형)

알렉산더, 그래스하퍼, 핑크 레이디 등의 칵테일에 사용되며, 입구부분이 넓어 건배용으로 사용되나 샴페인의 가스가 빨리 달아나는 단점이 있다. 용량은 120㎖가 표준이다.

㉡ Flute Champagne Glass(샴페인 글라스 - 플루트형)

몸이 가늘고 기다랗게 생겼으며, 탄산가스가 잘 빠져 나가지 않으므로 식사용으로 천천히 마실 수 있다. 용량은 120㎖가 표준이다..

⑩ 와인 글라스(Wine Glass)

와인을 마시기 위한 글라스로써 와인의 종류(적 · 백포도주)와 각국 지방에 따라서 다양한 디자인의 글라스가 있다. 용량은 150~200㎖ 정도이다.

※ 가장 이상적인 와인글라스의 조건

• 와인의 색, 향기, 맛을 마음껏 즐기기 위해 무바탕, 무색투명이어야 한다.

• 유리의 두께가 되도록 얇아야 한다.

• 글라스의 테두리가 약간 안쪽으로 휘어 들어가서 향기가 글라스의 안에 머물게 하는 디자인이어야 한다.

• 지름이 6.5㎝ 이상이어야 이상적이라 한다.

⑪ 브랜디 글라스(Brandy Glass)

브랜디를 스트레이트를 마실 때 사용되며, 몸통 부분이 넓고 입구가 좋은 튤립형의 글라스로 스니프터(Snifter), 나폴레옹 글라스(Napoleon Glass)라고도 부른다. 따르는 양은 글라스의 크기에 상관없이 1온스(30㎖) 정도 따르는 것이 좋으며, 와인이나 향기가 좋은 리큐르를 마실 때 사용하기도 한다. 용량은 240~300㎖ 정도이다.

⑫ 고블렛 글라스(Goblet Glass)

대용량의 스템형 글라스로써 얼음을 넘칠 정도로 많이 넣은 롱 드링크나 맥주, 비알코올성 칵테일을 마실 때에 사용된다. 용량은 300㎖ 정도가 표준이지만 더 큰 용량의 것도 있다.

⑬ 마가리타 글라스(Margarita Glass)

고블렛 형의 글라스로 플레어 바(Bar)나 일반 모던 바(Bar)에서 테킬라를 기주로 해서 만든 마가리타 칵테일을 제공할 때 사용된다. 용량은 240㎖ 정도이다.

⑭ 필스너 글라스(Pilsner Glass)

잔의 입구 부분이 넓어 거품을 많이 받을 수 있기 때문에 맥주전용으로 주로 사용했으나 최근에는 칵테일용으로도 많이 쓰인다. 용량은 240~300㎖ 정도이다.

⑮ 튤립 글라스(Tulip Glass)

고블렛형의 글라스로 잔에 모양을 넣어 미적 감각을 강조한 글라스이다. 용량은 360㎖ 정도이다.

7절 칵테일의 조주기법

1 기본적 조주기법

1) Build(빌드)

'build' 는 '짓다, 세우다, 쌓다' 라는 뜻이지만 칵테일을 조주하는 방법에서는 '직접 글라스에 만든다' 라는 뜻으로 생각하면 된다. 쉐이커나 믹싱글라스 등의 기구를 사용하지 않으므로 칵테일을 만드는 방법으로서는 가장 간단한 방법이라 할 수 있지만 칵테일에 따라서는 고도의 숙련도를 요하기도 한다.

우선 지정된 글라스에 얼음을 넣은 후 주재료와 부재료를 차례대로 넣고, 바 스푼(bar spoon)을 이용하여 2~3회 저어 주면 된다.

2) Stir(스터)

'Stir' 는 '섞는다, 교반한다' 라는 뜻으로 쉐이커의 바디(body)나 믹싱 글라스에 재료와 얼음을 넣고, 바 스푼으로 잘 저어 냉각(chilling) 시킨 후 스트레이너로 얼음은 제거하고 차가워진 음료만을 글라스에 따라 제공한다.

3) Shake(쉐이크)

'Shake'는 '흔들다, 휘두르다'라는 뜻으로 주로 생크림과 과일 쥬스, 시럽, 계란 등과 같이 서로 잘 혼합되지 않는 것이나 음료를 아주 차게 냉각할 때 이를 이용하여 혼합한다. 또한 음료를 부드럽게 하는 효과도 있다.

먼저 쉐이커에 얼음을 채우고 각종 재료를 적정량 넣은 후 스트레이너와 캡을 차례대로 닫고 10~15회 정도 쉐이크한 후 캡만을 열고 글라스에 따라 제공한다.

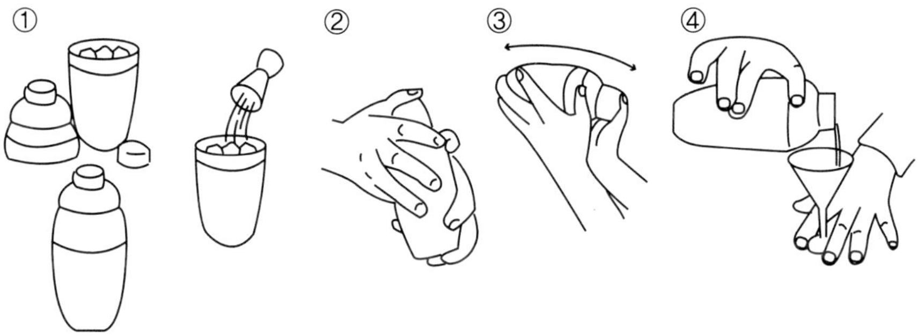

4) Blend(블랜드)

'blend'는 '혼합하다, 섞다'라는 뜻으로 미국의 블랜더(blender), 일본의 믹서(mixer)를 이용하여 얼음, 생크림, 계란, 과일 등의 재료가 음료 형태로 잘 섞어 지도록 하는 것인데 여기에 사용되는 얼음은 가루형태(crushed)로 된 것을 사용한다. 각종 재료를 적정량 블랜더에 넣은 후 처음에는 느린 속도로 돌리다가 점점 빠른 속도를 가하여 섞이게 한 후 글라스에 따라 제공한다.

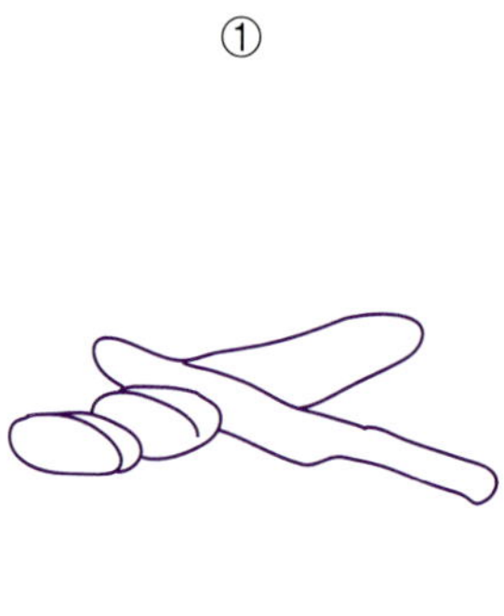

2 그 밖에 조주기법

1) Floating(띄우는 기법)

빌드 기법 중에 하나로서 글라스에 주재료와 부재료를 순서에 맞게 쌓는 것이다. 글라스에 직접 재료를 다 붓고 마지막 재료인 쥬스나 시럽 등으로 시각적(color)인 아름다움을 연출하기 위해 천천히 띄워줌으로써 다른 재료와 섞이지 않게 하는 것이다.

●Tequila Sunrise(데낄라 선라이즈)

2) Layer(층 쌓는 기법)

빌드 기법 중에 하나로서 알코올의 비중을 이용하여 재료가 서로 섞이지 않게 쌓는 것인데 'floating' 기법은 마지막에 쥬스나 시럽 등을 띄우거나 가라앉힐 때 재료간의 경계가 서로 명확하지 않고 서서히 번져가는 반면 'layer' 는 그러한 경계가 비중의 차이에 의해 명확하게 구분된다. 그리고 또 다른 미세한 차이점이 있다면 Top, Pour Over, Splash, Float는 보통 막판에 이뤄지는 기법이고 Layer는 초반부터 쌓기 시작한다.

●Angel' s Kiss(엔젤스 키스)

3) Flooding(흘러 넘치는 기법)

빌드 기법 중에 하나로서 'layer' 기법을 이용해 만든 칵테일 위에 쥬스나 시럽 등을 부어줌으로써 비중이 낮은 알코올이 글라스 밖으로 넘쳐흐르게 하는 방법이다. 주로 칵테일 쇼 등의 플레어(flair)에 많이 이용된다.

● Orange Fire(오렌지 화이어)

4) Top, Pour Over, Splash(붓는 기법)

이 역시 빌드 기법 중의 하나로서 조주기법을 이용하여 만든 칵테일에 마지막으로 소다수나 콜라, 사이다 등 주로 탄산음료를 부어주는 방법이다. 이 방법은 탄산음료를 다른 재료와 함께 쉐이크할 수 없으므로 쉐이크한 후에 마지막으로 부어 주는 것이다.

●Long Island Ice Tea(롱 아일랜드 아이스 티)

5) Mixer(섞는 기법)

믹서는 재료를 혼합시키는 데에 목적이 있다. 쉐이크는 얼음과 함께 재료를 냉각시키며 혼합하는 반면 믹서는 얼음 없이 거품이 일도록 재료를 혼합하여 음료를 부드럽게 만들고 바쁜 시간 때에 신속히 믹스를 해 냄으로서 일의 능률을 높일 수 있는 방법이다.

3 알코올 도수 표시

알코올 도수란 일정한 양의 물에 알코올 함유농도의 비중을 뜻하는 것으로 표기법은 각 나라마다 조금씩 차이가 있다. 우리나라 주세법에서는 주정도라고 하여 도(度)나 퍼센트(%)라는 단위를 사용하고 있는데 이는 프랑스의 게이 뤼삭(Gay Lussac)이 고안한 용량분률(Percent by Volume)을 사용한 것으로 섭씨 15℃에서 물의 양을 100으로 보았을 때 그 속에 포함된 알코올(에틸 알코올)의 부피를 %로 나타내고 있다.

1) 영국의 알코올 도수 표시

미국이나 영국에서 생산한 술의 일부는 알코올 도수를 Proof로 적고 있는데, 이러한 표기법은 과거 주세법과 관련이 있다.

1707년 대영제국이 건설된 후 재정을 마련하기 위한 방안으로 증류주에 대해서 높은 주세를 부과하게 되었는데 당시는 알코올 도수에 따라 세금을 부과하였기에 기준이 되는 알코올 농도의 측정 기준을 신뢰하지 못해서 양조업자와 잦은 분쟁이 일어났다.

당시 알코올 농도 측정방식은

① 기름이 알코올에 가라앉는 형태를 보고 측정하는 방식이다.

100% 순 알코올의 비중은 0.79로 기름보다 가벼우므로 알코올 농도가 높은 술에 넣은 기름이 가라앉는 원리를 이용한 것이다.

② 알코올의 인화성을 이용하는 방법이다.

- 화약을 술에 부어서 불을 붙인 후 불이 붙지 않으면 언더 푸루프(under proof)
- 불꽃이 꾸준히 붙어 있으면 푸루프(proof)
- 화약이 폭발하면 오버 푸루프(over proof) 결국 화약에 불이 붙는 여부로 proof(증명)라는 단어가 생겼다.

당시의 이러한 방법은 상당히 위험한 작업이며 신뢰성도 떨어졌기 때문에 1802년 영국 정부에서 확실한 알코올 농도 측정법을 현상 공모한 결과 사이키스(sykes)의 알코올 농도에 따라 비중이 달라지는 방법을 이용한 비중계를 선택했으며 이때 발명된 주정계로 100proof를 환산해 보니 알코올 농도가 57.1%였다고 한다.

이후 국제적인 미터법이 제정되자 %의 단위 농도 표시법이 일반화되었다.

2) 미국의 알코올 도수 표시

미국에서는 프루프(Proof)로 표기하는데 프루프는 60˚F(15.6˚C)에서 물을 0으로 하고 순수 에틸 알코올을 200Proof로 계산하고 있다. 따라서 우리가 사용하고 있는 용량 분률(%)보다 약 2배의 수치이다. 결국 100proof는 우리나라 표시로 알코올 농도 50%를 의미한다.

예) 와일드 터키 위스키의 101proof는 결국 50.5도를 의미한다.

각국의 알코올 도수 표시

국 가 명	도수 표시	비 고
한국, 프랑스, 독일	% 또는 ˚	용량분률(원용량 100분 중에 에틸알코올이 차지하는 용량을 %로 표기)
미국	Proof(Pf)	%보다 약 2배의 수치
영국	Syke Proof	다른 나라에 비해 계산이 복잡하여 수출품목에서는 미국식 프루프 또는 %로 표기하고 있다.

4 칵테일의 알코올 도수 계산법

칵테일은 두 가지 이상의 음료를 서로 혼합해서 만들기 때문에 각 재료의 알코올 도수나 재료의 양에 따라 칵테일의 알코올 도수가 달라진다.

롱 드링크나 혹은 숏 드링크의 경우 대략적인 알코올 도수는 경험적으로 가늠해 볼 수 있겠지만 초보 바텐더의 경우 이 계산법으로 미리 계산을 해 놓아 칵테일 메뉴를 추천하거나 추가주문을 받을 때 유념해 둔 다면 손님에게 보다 나은 서비스를 할 수 있을 것이다.

또한 식전주로 마시는 칵테일의 경우 알코올 도수가 높은 것보다는 20% 이하의 것이 좋으므로 항상 상기해 두어야 한다.

1) 빌드(Build)법의 경우

$$\text{칵테일 주정도} = \frac{(\text{재료의 주정도}\times\text{재료의 사용량})+(\text{재료의 주정도}\times\text{재료의 사용량})+\ldots}{\text{사용된 재료의 총량}}$$

예) 김렛(Gimlet)

드라이 진 : 45㎖(40%), 라임주스 : 15㎖(0%), 설탕 : 1tsp

$$\text{칵테일 주정도} = \frac{(45\times 40)+(15\times 0)}{45+15} = \frac{1,800}{60} = 30\%$$

2) 스터, 쉐이크(Stir. Shake)법의 경우

스터나 쉐이크법으로 만드는 것은 얼음이 녹는 량인 10㎖ 정도를 사용된 칵테일 재료의 총량에 더해야만 한다.

$$\text{칵테일 주정도} = \frac{(\text{재료의 주정도}\times\text{재료의 사용량})+(\text{재료의 주정도}\times\text{재료의 사용량})+\dots}{\text{사용된 재료의 총량 }+10\text{mℓ}(\text{녹은 얼음량})}$$

5 칵테일의 음료 도량형

재료의 양에 따라 알코올의 도수는 물론 칵테일의 맛에도 커다란 영향을 주기 때문에 칵테일을 만들기 위해서는 재료량을 레시피에 적혀 있는 대로 정확히 계량하여 사용하여야 한다.

1갤론(Gallon) = 128oz = 3840mℓ

1쿼트(Quart) = 32oz = 960mℓ

1파인트(Pint) = 16oz = 480mℓ

1컵(Cup) = 8oz = 240mℓ

1스플릿(Split) = 6oz = 180mℓ

1지거(Jigger) = 1$\frac{1}{2}$oz= 45mℓ

1온스(Ounce) = 30mℓ = 1포니(Pony) = 1핑거(Finger)

1찻술(Tea Spoon) = 5mℓ

1대쉬(Dash) = 1mℓ= 5~6방울

8절 칵테일의 장식

칵테일에 첨가하는 과일(fruits) 등의 장식물을 데코레이션(Decoration) 혹은 가니쉬(Garnish)라는 하는데, 이러한 장식은 칵테일에 색채의 변화를 더하고 향기를 부여하여 본래 칵테일이 갖는 맛을 한 단계 더 높여 준다.

허지만 똑같은 처방으로 조주된 칵테일일지라도 장식의 종류에 따라 이름이 달라지는 경우가 있는데, 예를 들면, 마티니에는 전통적으로 '올리브' 장식을 하지만 그 대신 '양파' 로 장식을 하게 되면 그 순간 깁슨이 되어 버리는 것이다. 때문에 장식을 할 때엔 레시피(recipe)에 맞게 하는 것이 원칙이다.

1 칵테일 장식에 있어 유의할 점

1. 단맛의 칵테일에는 단맛이 있는 체리를 장식한다.
2. 씁쓸한 맛의 칵테일에는 올리브나 어니언을 장식한다.
3. 칵테일 글라스나 와인 글라스 같이 스템(stem)이 달려 있는 작은 글라스는 레몬이나 오렌지 슬라이스 등의 큰 장식을 하지 않는다.
4. 올드패션 글라스에는 하프 슬라이스(half slice)만을 장식할 수 있으며 글라스 안에 담아줘야 하고 홀 슬라이스(whole slice)는 장식하지 않는다.
5. 텀블러나 고블렛 등의 긴 글라스는 하프 슬라이스와 홀 슬라이스 둘 다 장식을 할 수 있지만 하프 슬라이스는 글라스 안에 담아서 장식해야 하며, 홀 슬라이스는 글라스 가장자리에 꽂아서 장식해야 한다.

칵테일과 함께 제공되는 장식은 글자 그대로 장식으로서의 가치만의 가질 뿐이지 그것으로 인해 칵테일의 맛이 변하여서는 안 될 것이다.

2 칵테일 장식에 사용되는 재료

1) 넛맥(Nutmeg)

인도네시아가 원산지로 넛맥 나무의 열매 안에 있는 씨앗을 가지고 타원형 모양인 육두구를 만들며 씨앗을 그대로 사용하는 것을 홀 넛맥이라고 하고 칵테일에 쓰는 것처럼 육두구 열매의 씨를 분말화한 것을 그라운드 넛맥(Nutmeg)이라 한다.

신선한 향이 동물성(달걀, 크림, 밀크 등)의 비린내 제거시켜주기 때문에 칵테일 조수 시에 사용된다.

2) 시나몬(Cinnamon)

갈포과의 식물로서 나무의 껍질로 만든다. 매콤한 맛과 단맛을 동시에 가지는 상쾌한 느낌의 향료로서 우리나라에서는 계피라고 부르며 분말과 스틱 두 가지가 있다. 칵테일에서는 주로 뜨거운 음료의 향을 내는데 사용한다.

3) 클로브(Clove)

우리나라에서는 정향이라고 부른다. 정향의 꽃봉우리를 압착 건조한 것으로 진한 갈색의 낱알 모양을 하고 주로 뜨거운 음료의 향을 내는데 사용한다.

4) 박하(Mint)

박하에는 멘톨이라는 성분이 있어 입안을 상쾌하게 해줌으로 여름에 시원하게 마시는 칵테일의 장식용으로 많이 사용하며 수많은 종류가 재배되고 있다. 그 중에서도 페퍼민트, 스페어민트는 전 세계적으로 가장 많이 분포되어 있는 품종이며 스페어민트는 단맛의 향이 있어 칵테일의 장식용으로 많이 사용하고 향이 약한 페퍼민트는 줄렙 등을 만들 때 사용한다.

5) 올리브(Olive)

가성소다로 껍질을 부드럽게 한 뒤, 소금과 식초 혼합액에 담궈서 만든 것이다. 성숙 전의 올리브(Olive)를 소다(Soda)수에 넣어 알맹이를 부드럽게 한 뒤 씨를 뺀 후 빨간 피망을 넣은 것을 사용한다.

보통 드라이한 칵테일에 많이 쓰며, 장식할 때에는 물에 씻어서 사용한다. 그렇지 않으면 올리브기름이 칵테일에 섞여서 뜰 수가 있다.

6) 어니언(Onion)

식초의 혼합액에 담근 알이 작은 양파로서 드라이한 칵테일에 장식용으로 사용한다. 원래의 즙에 담아 반드시 뚜껑을 덮어 차게 보관한다.

7) 체리(Cherry)

칵테일에서 사용하는 체리는 버찌를 말한다. 이 버찌를 가공하여 장식용으로 많이 사용하는데 붉은 색과 녹색 두 가지가 있다.

원래의 즙에 담아 실내온도에서 보관한다.

8) 레몬(Lemon)

열대와 아열대 기후에서 재배가 적합하여 1년에 3회 수확이 가능하다.

구연산이 풍부하며 신맛이 강해 비타민 C가 많이 함유되어 있어 식욕을 증진시킨다.

레몬 Peel 사용법

• Twist

레몬의 양끝을 잘라내고 예리한 칼을 껍질과 과육 사이에 넣어 마치 과일의 껍질을 깍듯이 몸체를 돌려가며 옆으로 껍질만을 벗겨 내어 칵테일 조주 시 가장 마지막에 넣는다.
즙을 내는 방법은 잔의 위쪽에서 양손의 엄지와 집게손가락으로 껍질의 바깥쪽의 밑을 향하게 하고 재빨리 비튼다.

• Spirals

나선형으로 레몬 하나를 전부 벗긴 후 스트로우로 감아준다.

• Pinch

띄우거나 완전히 담는 방법이다.

9) 오렌지(Orange)

열대 아시아 지역이 원산지이며, 지중해 연안의 여러 나라에서 재배되고 있다. 오렌지를 세로로 절단하여 반달형으로 자른다. 플라스틱 용기 안에 보관한다.

10) 라임(Lime)

레몬보다 알맹이가 작은 녹색의 아름다운 과일로서 맛은 레몬보다 신맛과 쓴맛이 강하고 향기가 있으며 레몬만큼 비타민 C가 많이 함유되어 있고 녹색 과즙이 특색이다.

11) 파인애플(Pineapple)

아나나스과의 식물로 원산지는 남아메리카로서 이 식물에서 열리는 열매가 파인애플이며 장식에는 열매를 그대로 사용하는 것도 있지만 캔으로 된 통조림을 사용하기도 한다.

12) 바나나(Banana)

식용과 요리용 두 가지로 나눌 수 있으며, 요리용은 떫은 맛이 난다. 그래서 식용은 그대로 먹을 수 있지만 요리용은 생과일로는 먹지 못하고 요리를 해서 먹는다.

바나나는 덜 익은 상태로 수확되기 때문에 잘 골라야 한다.

13) 그레이프프루츠(Grapefruit)

서인도제도가 원산지인 자몽이 바베이도스 섬에서 자연 변이된 것으로 열매가 포도와 같이 주렁주렁 많이 열리기 때문에 붙여진 이름이다.

껍질이 매끄럽고 열매가 탄력이 있는 것이 좋으며 피로 회복이나 피부미용에 좋은 건강 과일로 알려져 있다.

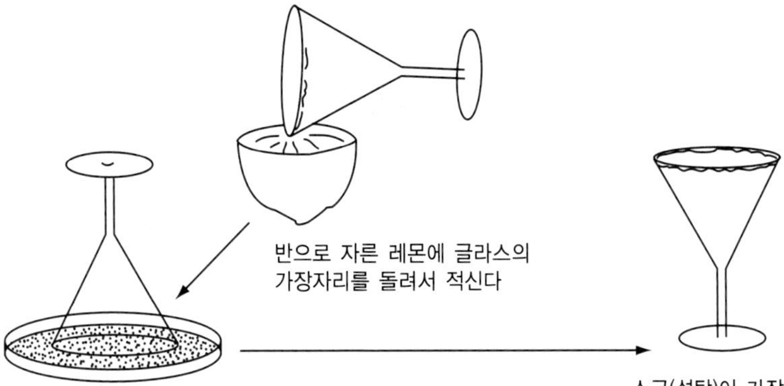

판판한 접시에 소금(설탕)을 평평하게 깔고
잔을 거꾸로 소금(설탕) 위에 올려서 돌린다.

소금(설탕)이 가장자리에
적당하게 잘 붙는다.

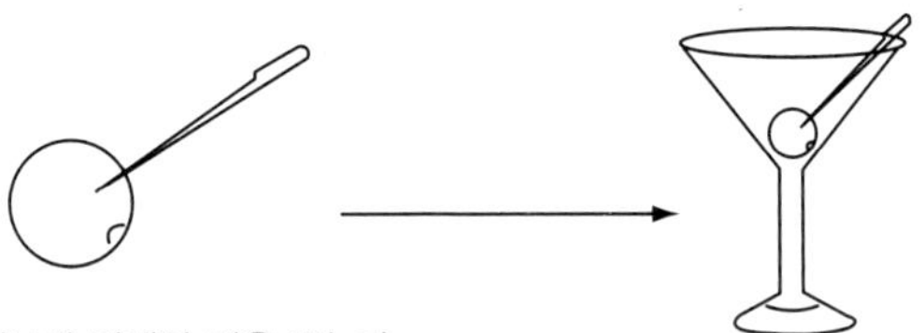

올리브에 칵테일 핀을 꽂는다.

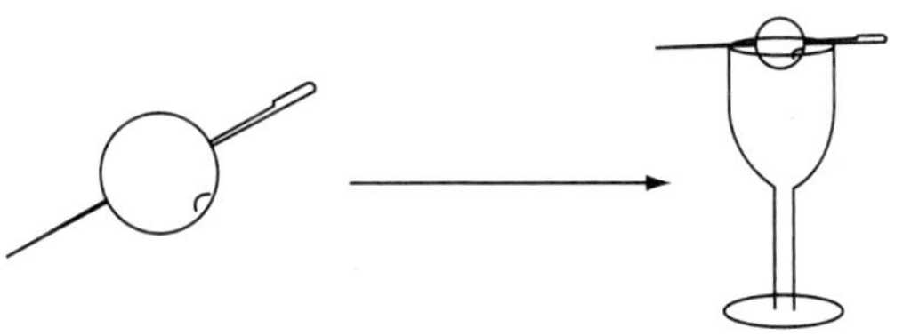

체리에 칵테일 핀으로 꿰뚫는다.

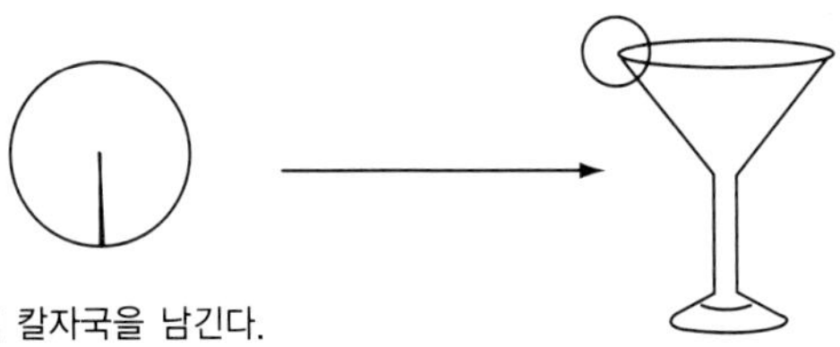

체리에 칼자국을 남긴다.

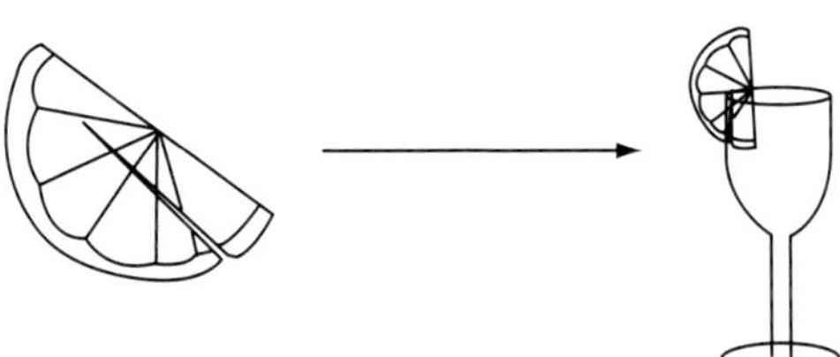

레몬 슬라이스 절반에
종으로 칼자국을 낸다.

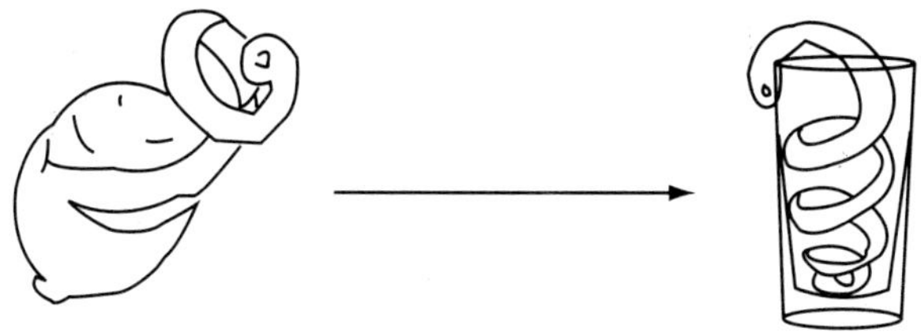

레몬 껍질을 나사깍기로 깍는다.

글라스에 테두리를 걸치고
안쪽으로 늘어뜨린다.

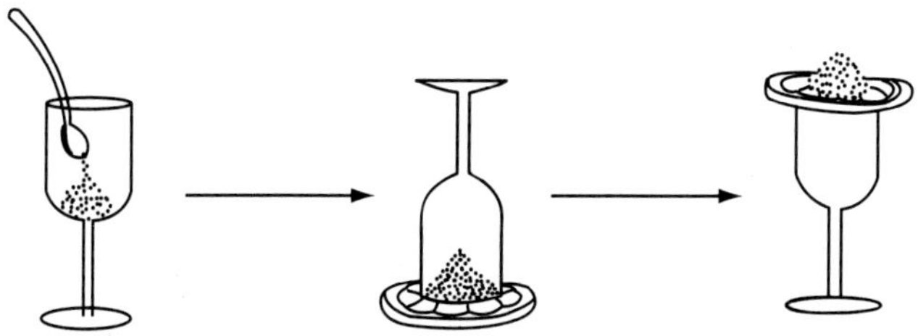

리큐르 글라스에 설탕을
바스푼으로 1개 넣는다.

레몬 슬라이스 위에
살짝 얹는다.

글라스 위에 얹는다.

신선한 것을 고른다.

먼저 머리와
꼬리를 자른다.

종으로 1/4로
자른다.

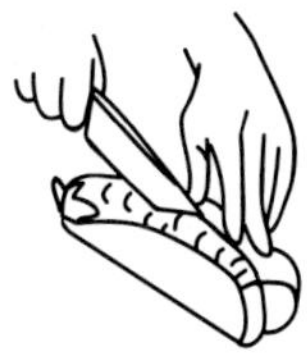

종으로 가늘고
길게 자르고
껍질을 벗긴다.

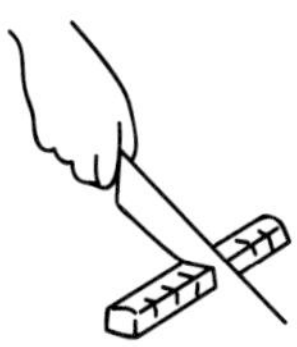

스틱으로 할 경우
적당한 길이로 자른다.

칵테일 핀으로
레드체리를 장식한다.

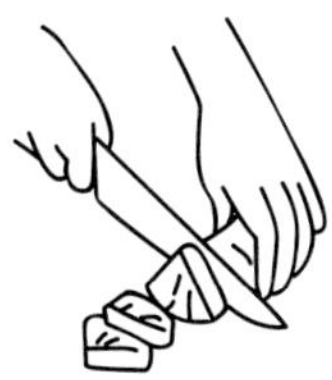

부채꼴로 할 경우
적당한 두께로 자른다.

칵테일 핀으로
레드체리를 장식한다.

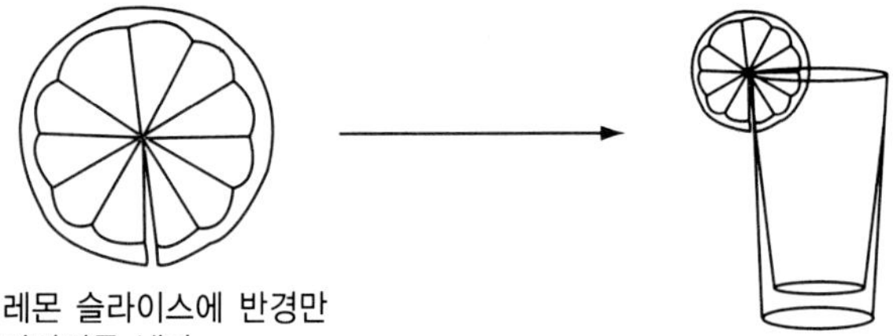

레몬 슬라이스에 반경만
칼자리를 낸다.

꼭지를 따낸 레몬을
종으로 8등분

열매의 껍질 사이에
위를 조금 남기로
칼자리를 낸다.

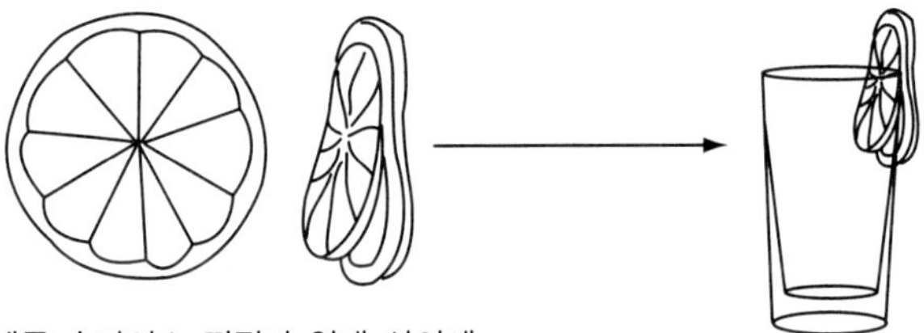

레몬 슬라이스 껍질과 열매 사이에
위를 남기고 칼자리를 낸다.

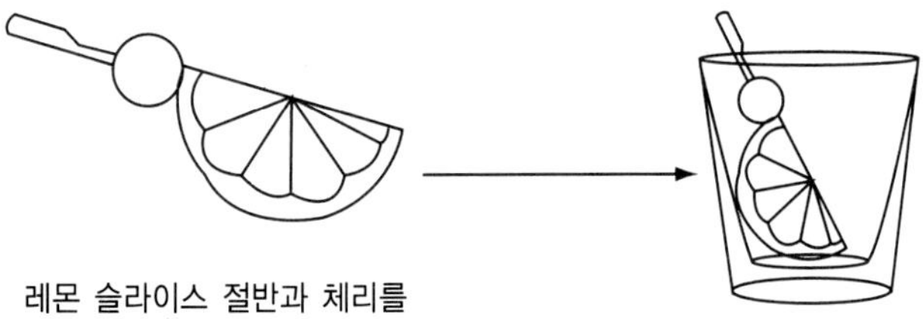

레몬 슬라이스 절반과 체리를
한 칵테일 핀에 꽂는다.

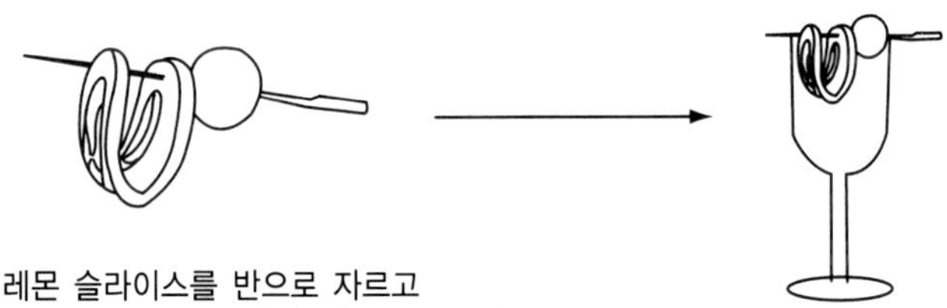

레몬 슬라이스를 반으로 자르고
체리와 함께 한 칵테일 핀으로 꽂는다.

제3장

FLAIR BAR 실무

학습 POINT

1. 플레어란 무엇이며, 바텐더에게 있어 왜 필요한 것인가?
2. 플레어에 사용되는 기물과 기구는 무엇이 있는가?
3. 플레어의 기본자세와 용어를 정확히 숙지하여 반복 연습한다.
4. 각자 응용동작을 통하여 퍼포먼스를 완성한 후 레파토리를 만들어 본다.

제3장
FLAIR BAR 실무

1절 Flair란 무엇인가

플레어(Flair)의 사전적 의미는 '예민한 직감, 재능, 능력' 등의 뜻으로 인간에게 있어 길들여지지 않은 감각적 요소들을 끊임없이 연구, 개발하여 몸에 익힘으로서 상대방으로 하여금 흥미와 즐거움을 이끌어 낼 수 있는 모든 행위를 말하는 것이다.

바텐더에게 있어 플레어란 바(bar)를 찾은 고객에게 편안함(Fun)을 주기위해 바텐더의 재능과 끼를 발휘하거나 새로운 엔터테인먼트(Entertainment)적인 요소를 개발하고 이를 발산하는 것, 즉 쇼맨십(Showmanship)이라고 말할 수 있다.

다시 말해서 플레어는 고객에게 즐거움을 줌으로서 고객으로 하여금 바에 대한 긍정적인 효과를 이끌어 내는 것으로 바텐더의 용모, 화술, 카리스마적 성격, 폭넓은 상식, 순수한 표정까지도 포함됨은 물론 최근에는 춤과 마술 등을 포함한 다양한 퍼포먼스 형태의 칵테일 쇼(Cocktail show)로 발전하였다.

특히 바틀 플레어(Bottle FLAIR)의 경우 플레어에 있어 가장 화려하고도 대표적인 퍼포먼스라 할 수 있는데, 좁은 의미에서의 플레어라함은 다양한 칵테일 조주기구(병, 글라스, 쉐이커 등)를 이용하여 다이나믹한 동작을 연출하는 것으로 이를 통해 바(bar)와 고객의 분위기를 한층 고조시킬 수 있는 대표적인 퍼포먼스라 정의할 수 있다. 이러한 플레어에는 실제로 업장에서 술을 흘리지 않고 칵테일을 조주하기 위한 기술인 워킹플레어(working flair)와 쇼 위주의 시각적인 측면이 강조되어 화려한 손놀림에 의한 고난위도의 기술이 요구되는 익스비션 플레어(exhibition flair)로 나눠어 진다(본 책에서는 bottle flair를 중심으로 설명하겠다).

모든 바텐더는 플레어를 자신의 서비스 스타일로 개발하기 위해 스스로 끊임없는 노력을 해야 함은 물론 새로운 플레어를 수용하는데 있어서도 게을리하지 말아야 할 것이다.

2절 Flair Cocktail이란

플레어 칵테일이란, 바틀 플레어와 같은 다이나믹한 퍼포먼스를 가미하여 생동감 있는 분위기속에서 역동적인 기술 혹은 동작을 통해 조주되는 칵테일을 말한다. 사실 플레어 칵테일(flair cocktail)과 클래식 칵테일(classic cocktail)을 따로 구분지어 설명한다는 것은 그다지 큰 의미가 없다. 전자에서도 이야기했듯이 플레어란 바텐더의 모든 재능을 발휘하여 고객에게 즐거움을 제공하는 것을 목적으로 하는 것이므로 비교적 조용한 분위기에서 정적인 동작으로 조주되는 칵테일이라고 해서 플레어적인 요소가 전혀 배제되었다고는 말할 수 없다. 왜냐면 그 자체가 고객에 따라서는 만족을 느낄 수 있는 플레어적인 요소가 될 수 있기 때문이다. 허지만 이러한 가시적인 기준에 의한 분류를 통해 플레어 칵테일과 클래식 칵테일의 매력에 좀 더 쉽게 접근할 수 있을 것이다.

3절 FLAIR의 목적

90년대 초반 다수의 다국적 패밀리 레스토랑이 앞을 다투어 국내에 진출하였고, 그와 더불어 다양하고 화려한 바텐딩(bartending) 기술이 국내에 전해지면서 플레어도 바텐더가 반드시 지녀야 하는 바텐딩 기술 중의 하나로 받아들여지기 시작하였다.

오늘날에 이르러서는 매년 전국적으로 수십 개의 대회가 치러지고 있고, flair에 관련된 각종 수많은 바텐더 대회가 세계 각국에서 해마다 개최되어 저마다의 기량을 가늠해 보고 또한 정보를 교환하는 수단으로서의 장(場)을 마련하고 있다.

특히 국내의 바텐더들은 세계 유수의 바텐더 대회에서도 매년 상위권에 입상할 정도로 국내의 플레어기술은 세계적 수준의 기량으로 인정받고 있다.

그러나 여기서 절대 간과해서는 안 될 것이 하나있다. 즉, 플레어는 바텐더의 다양한 바텐딩 기술 중의 일부분일뿐 그 자체가 목적이 되어서는 안 된다는 점이다. 바(bar) 영업의 목적(objects)은 고객의 욕구(needs)를 충족시킴으로서 만족과 감동을 이끌어 내어 최종적으로 영업의 목표(goals), 즉 이윤창출에 도달하는 것이고, 플레어는 그러한 고객의 욕구를 만족시켜주기 위한 바텐딩 기술의 하나일 뿐이라는 것이다.

바텐더에게 있어 플레어의 목적이라 함은 한 마디로 '보너스'라 말할 수 있다. 즉 고객에게 플레어라는 즐거움을 제공함으로서 재미와 만족을 이끌어 낼 수 있는 하나의 수단인 것이다. 이를 통해서 고객의 재 방문을 유도할 수 있고, 혹은 낯선 고객에게 친근하게 다가가기 위한 방법으로도 이용될 수 있다.

'훌륭한 바텐딩 없이 진정한 플레어가 존재할 수 없는 것처럼, 훌륭한 바텐딩은 플레어 없이는 존재하지 않는다.'

4절 Flair에 대한 잘못된 생각들

1. 플레어 바텐더들은 직업적인 바텐더 기술이나 경험이 거의 없는 그저 어리고 잘난 척만 하는 사람들이다.

만일, 플레어 바텐더들이 '탐 크루즈'가 영화 '칵테일'에서 보여 준 것처럼 잘난 척만 하는 사람들이라고 생각한다면 큰 오산이다. 물론 많은 사람들이 이 영화를 통해서 바텐더의 플레어적 요소들을 접했고 깊은 인상을 받았겠지만, 국제 플레어 바텐더 협회인 F.B.A(Flair Bartender's Association)는 해마다 700여개의 대회, 품평회, 시범을 보이고 있으며, 플레어는 세계적이며, 전문적이고, 경쟁적인 스포츠라 말하고 있다.

오늘날 최상의 기술을 가진 플레어 바텐더들은 쇼맨십 뿐만 아니라 서비스, 주장 관리, 고객관리 등에 전문적인 노하우를 지닌 경험있고 전문적인 사람들이다.

많은 교육배경을 가진 숙련 된 바텐딩 기술을 제외하더라도 플레어 바텐더들은 자신이 일하고 있는 바(Bar)에서 어떻게 일해야 하는지를 분명히 파악하고 있는 세계적 수준의 공연자들인 것이다.

2. 플레어는 또 다른 직업적 열풍에 지나지 않는다.

마치 노래방이나 커피 전문점처럼 빨리 지나가는 일시적 유행일 것이다.

플레어는 수백 년의 역사를 가지며 해마다 성장을 거듭하고 재미를 더해 가고 있다.

플레어를 기반으로 한 주요 행사의 증가 추이를 살펴보면 10년 전에 미국, 캐나다, 영국으로부터 시작하여, 35개국 이상의 국가에서 100개 이상의 스폰서를 가지는 국제적인 행사로 발돋움했다고 F.B.A의 회장 'Toby Ellis'는 말하고 있다.

F.B.A 자료에 의하면 북미에만 12개 이상의 플레어 교육 회사가 존재하며 이 대단한 시장은 1988년 이후 매년 증가한다고 나와 있다. 이곳에서 많은 사람들은 플레어

가 오락에 기반을 두고 서비스를 조합한 서비스 행위의 '효율적인 이상'이라는 것을 배워가고 있고 오락 산업이 고객에게 즐거움을 주기 위해 얼마나 치열한 경쟁을 하고 있는가 하는 것을 깨닫고 있다.

국내도 역시 1993년 이후 엄청나게 많은 바(Bar)와 바텐더가 생겨났고, 지금도 그러하다. 사람들은 더 이상 따뜻한 식사와 찬 음료에만 만족하지 않는다. 그들은 돈을 쓸 다른 곳을 원하며, 플레어 바텐더들이 그것을 제공하고 있는 것이다. 지금 이 순간도 많은 고객들이 플레어 바텐더를 찾아 그들의 쉴 곳을 옮겨 다니는 이유는 단지 그들이 병만을 잘 돌려서가 아니다.

플레어 바텐더들은 그들의 직업에 열정적이고, 최고가 되기 위해서 매일 여러 시간을 연습하고 더 많은 정보를 얻기 위해 끊임없는 연구와 노력을 아끼지 않기 때문이다.

만일 플레어에 대해서 부정적으로 말하는 바텐더를 만났다면 그것은 노력하지 않는 게으른 바텐더이거나 플레어를 두려워하는 바텐더를 만난 것이다.

3. 플레어를 하는 것은 서비스를 떨어뜨리고 매출에 손상을 입힌다.

바텐더의 플레어가 서비스와 매출에 지장을 준다는 것은, 플레어 바텐더들을 굉장히 위축시킨다. 하지만, 인내심, 헌신 그리고 플레어 기술의 전문가가 되겠다는 열정은 서비스의 그것과 크게 다르지 않다. 그것은 고객만족이 곧 플레어의 목적이기 때문이다. 고객 중심의 서비스와 리더십, 카리스마, 유머감각 등을 모두 겸비한 서비스맨이 바로 플레어 바텐더들이다.

4. 플레어 바텐더들은 많은 양의 술을 흘리고 음료에 손상을 준다.

사실, 실제로 그러하다. 처음 플레어를 배우거나, 접하는 많은 바텐더들은 엎지르고, 떨어뜨리고, 깨뜨린다. 그러나 대부분의 세계 플레어 대회에서는 freepouring(계량컵을 이용하지 않고 감각적으로 술을 따르는 것)시 고도의 정확함을 요구하는데 이는 최상의 경쟁자가 되기 위해선 반드시 양손을 사용하여, 빠르고 정확하게 붓는 것을 배워야 하기 때문이다.

대부분의 플레어 바텐더들은 평소 'Pour Test'(계량컵을 이용하지 않고 감각적으로 술을 따르는 연습) 등의 연습을 통해 항상 플레어의 감각을 몸에 익히고 있기 때문에 정확한 용량의 술을 따른다. 따라서 술의 낭비를 줄이고, 비용을 절감시키며, 신속하게 서비스할 수 있는 장점이 있다.

5. 손님들은 플레어를 좋아하지 않는다.

사람들은 빠르고 훌륭한 서비스를 기대한다. 그러나 단지 그것만으로는 충분치 않다. 그리고 몇몇 의심 많은 사람들은 '고객들은 쇼를 좋아하지 않는다.' 라고 주장하지만, 실제로 플레어를 좋아하지 않는 이들은 없다. 그것은 플레어가 고객에게 재미와 즐거움을 제공하고 그로 하여금 긍정적이고 능동적인 효과를 이끌어 내는 것을 기본으로 하기 때문이다. 또한 단순한 감각과 즉흥적인 행동에 의한 것이 아닌 끊임없는 연습과 노력에서 비롯된 행태이므로 보다 빠르고 정확하게 서비스할 수가 있다.

다시 한 번 강조하고 싶은 것은,

'플레어를 하는 것이 결코 훌륭한 바텐더로 만들어 주지는 않지만, 훌륭한 바텐더가 되기 위해서는 반드시 플레어를 해야만 한다.'

5절 Flair에 필요한 기물(이후의 flair라 함은 bottle flair를 말함)

1 Bottle(술병)

술병은 단지 술을 보관하거나 따르기 위한 용도 뿐만 아니라 장식용이나 혹은 술의 특성에 따른 다양한 마케팅 전략에 의해 디자인되어졌다. 유리병이 대량으로 생산된 이후 술 제조회사에서는 수시로 특별한 용기를 개발하여 역사적 의미를 기념하거나 소비자들을 유혹하였는데 영국 여왕의 즉위에 맞게 개발한 로얄 살루트(Royal Salute)나 귀족적인 품위를 나타내는 나폴레옹(Napoleon) 등의 병이 그러한 예이다.

근래에 들어 술병의 또 다른 용도라고 한다면 칵테일 쇼 등의 퍼포먼스를 위한 플레어(Flair)용도일 것이다. 최근에는 플라스틱 재질의 플레어용 바틀(Bottle)이 따로 제작되어서 연습이나 공연 중에 깨지고 파손되어 부상을 당하는 등의 위험을 제거하여 안전하게 바틀 플레어(Bottle Flair)를 할 수 있게끔 하였다.

술병의 모양 또한 글라스의 그것 못지않게 매우 다양한 형태를 띠우는데, 기본적으로 서양의 술병 모양은 병목이 긴 용기이나 우리나라, 중국, 일본의 경우에는 손잡

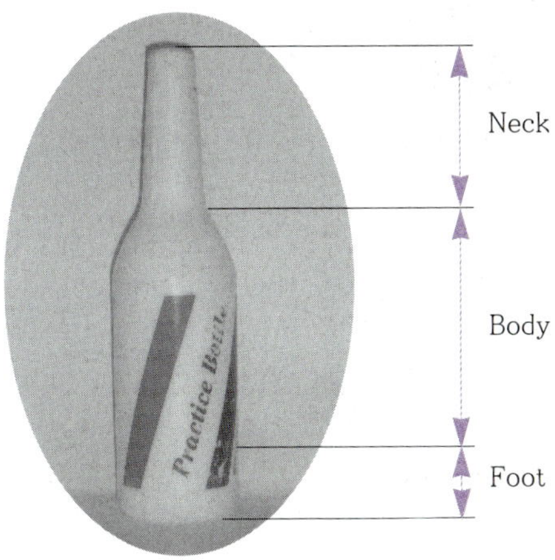

이와 뚜껑이 있는 주전자 모양의 술병이 많이 사용되었다. 이는 동양에서는 수수와 쌀을 주원료로 술을 빚어 따뜻하게 데워서 마셨던 반면 서양에서는 와인을 제외하고는 보리를 주원료로 하여 맥주, 위스키 등을 만들었기 때문에 차게 해서 마시는 관습에 따라 술병을 단순한 모양으로 만들었던 것이다.

플레어에 사용하는 바틀(Bottle)의 모양은 병목의 길이가 손으로 쥘 수 있을 정도이며 몸통의 길이가 비교적 길고, 특정한 형태의 모양보다는 민자형 모양을 주로 선호한다.

2 Glass(유리잔)

술과 칵테일 그리고 글라스와의 관계는 마치 신체와 의상과의 관계와 같다. 사람의 체형이나 신체적 특성, 그리고 T.P.O(Time, Place, Occasion)에 따라 그에 맞는 의상을 선택하여 입듯이 아무리 훌륭한 칵테일이라고 할지라도 적절한 글라스를 선택하여 담아 내지 못한다면 완벽하게 칵테일을 조주하였다고 할 수 없을 것이다.

브랜디를 마실 때는 어떤 글라스를 사용해야 맛과 향 그리고 색깔을 잘 즐길 수가 있는지 또 어떤 글라스를 사용해야 그 칵테일의 특성을 효과적으로 표현해 낼 수 있

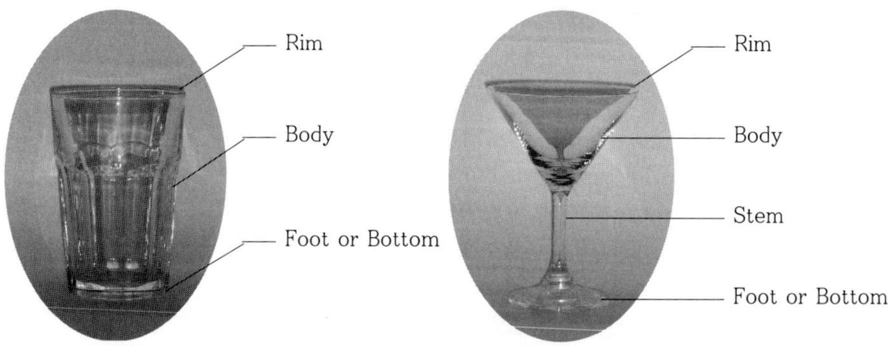

을 지를 선별해야 한다. 플레어용으로 사용되는 글라스는 주로 손잡이(stem)가 없는 텀블러형(tumbler) 글라스가 주로 사용되는데 재질이 유리로 되어 있기 때문에 연습 시에는 믹싱 틴(mixing tin) 등으로 기본기를 충분히 연습한 후에 하는 것이 좋다.

3 Mixing Tin(믹싱틴)

쉐이크(Shake)는 칵테일을 만드는 가장 기본적인 기법중의 하나이며 바텐더가 손님에게 직접 칵테일을 조주하며 시각적인 즐거움을 줄 수 있는 가장 화려하고 대표적인 기술이다. 쉐이커(Shaker)는 크게 스텐다드 쉐이커(Standard shaker)와 보스턴 쉐이커(Boston Shaker)로 나누어지는데, 리큐르나 계란, 설탕 등 잘 섞이지 않는 재료를 잘 섞이게 함과 동시에 음료를 차갑게 하는 기구로서 스텐레스로 만든 것이 대부분이며 유리, 플라스틱 등 여러 가지 제품이 생산되고 있다.

스텐다드 쉐이커는 맨 윗부분인 켑(Cap)과 얼음을 걸러주는 스트레이너(Strainer), 밑 부분인 바디(Body)로 구분되어 지며 쉐이크할 때는 바디에 재료와 얼음을 넣고 스트레이너와 캡을 닫아서 잘 섞은 후 캡을 열고 스트레이너로 얼음을 걸러 음료만을 글라스에 따른다.

보스턴 쉐이커(Boston Shaker)는 주로 열대성 과일이나 쥬스 등을 사용한 열대성 칵테일을 만들 때 쉐이크하는 기구로서 스트레이너 없이 두 부분으로 나누어진다. 두 개 모두 스텐레스로된 스텐다드 보스턴 쉐이커와 한 부분은 스텐레스컵(Mixing Tin)으로 되어 있고, 다른 한 부분은 유리컵(Mixing Glass)으로 된 아메리칸 스타일의 보스턴 쉐이커가 있다.

칵테일을 만들 때에는 믹싱틴에 얼음과 재료를 넣고 믹싱글라스를 위에서 닫아 쉐이크 한 후, 스트레이너를 이용하지 않고 유리컵에 있는 재료와 얼음을 전부 다른 글라스에 그대로 부어 제공한다.

플레어에 사용하는 쉐이커는 대부분 보스턴 쉐이커를 사용하며 믹싱틴(Mixing

Tin)은 화려한 플레어를 연출함에 있어서 없어서는 안 될 도구중의 하나이다. 믹싱틴은 표준크기에 비교적 중량감이 느껴지고 무게 중심이 약간 밑 부분에 가 있는 것이 플레어하기에 좋다.

4 Floor Mat(바닥 매트)

바틀(Bottle)이나 글라스(Glass)의 플레어를 할 때 깨짐이나 파손 혹은 시끄러운 소음 등의 위험을 최소화하기 위해 재질을 고무로 하여 만든 매트를 바닥에 미리 깔아 두는데 이를 'Floor Mat' 라 한다.

바텐더 1명이 플레어를 하기 위해 필요한 공간은 대략 1㎡ 정도이기 때문에 이에 알맞은 크기로 바닥에 미리 세팅(Setting) 해 놓는다.

5 Pour Tester(용량 측정기)

플레어 바텐더는 바텐딩을 할 때 대부분 몸의 감각에 의존하게 된다. 칵테일을 조주함에 있어서도 계량컵을 이용하지 않고 손의 감각만으로 술의 용량을 맞춰 따르는데 이는 끊임없는 '따르기 연습(pouring test)' 을 통해서만 가능해 지는 것이다.

칵테일에 사용되는 재료의 용량은 재료마다 어느 정도 일정하게 정해져 있는데, 자주 사용되는 용량을 미리 반복하여 연습할 때 사용되는 기구를 'Pour Test' 기라 한다.

● 푸어 테스터기(Pour Tester)

6절 Flair의 기본자세

1 유니폼 착용(Uniform Standard)

업장의 실외장식(Exterior)나 실내장식(Interior)이 고객에게 바(Bar)에 대한 첫인상(신뢰감, 안정감, 일체감, 개성, 즐거움 등)을 줄 수 있는 도구라고 한다면 유니폼은 바를 찾은 고객들에게 바텐더를 느낄 수 있게 하는 최초의 도구이며 동시에 바텐더로서는 자신의 개성과 이미지를 고객에게 어필(Appeal)할 수 있는 세일즈(Sales)의 도구인 것이다.

바텐더에게 있어 유니폼의 착용은 결코 개성을 없애기 위함을 의미하지는 않는다. 오히려 자신의 개성을 감추기 위해 기계처럼 개성을 나타내 보이지 않고 로봇과 같이 고객에게 응대하거나 주문을 받는다면 바텐더로서의 자질을 우선적으로 의심해 보지 않을 수 없다.

자신이 하는 일을 진심으로 즐기고 있고 직원 상호간의 팀웍(Teamwork)을 유니폼을 통해 나타내 보이는 것이야말로 훌륭한 바텐더로서의 기본자세인 것이다.

따라서 다음과 같은 유니폼 스텐다드(Uniform standard)를 이행하여야 한다.

첫째, 유니폼은 항상 깨끗하고 잘 다려져 있으며 더러운 자국이 없어야 한다.

둘째, 두발은 잘 정돈되고 단정하게 해야 한다.

셋째, 손톱은 짧아야 하고 깨끗하게 해야 한다.

넷째, 유니폼의 장식은 특히 개성적이어야 하고 흥미(FUN)로워야 한다.

다섯째, 항상 이름표를 왼쪽 가슴에 유니폼 왼쪽에 부착해야 한다.

2 Flair의 기본자세

양손을 어깨 넓이로 벌리고, 양팔의 높이를 어깨 높이보다 약간 낮게 한다. 양 발은 어깨 넓이로 벌리고 편안한 자세를 취하되 바닥을 향해 움츠린 자세가 되지 않도록 유의해야 한다.

가슴을 중심으로 좌우 대칭이 되는 크기에서 정면을 향하여 공연을 한다고 염두해 두고, 이 자세가 흐트러지지 않도록 유지하며, 시선은 BOTTLE에 집중하되 가급적 정면을 향하도록 한다.

● 유니폼 스텐다드

● 플레어 기본자세

7절 Flair의 용어해설

■ 용어 표시법

- 동작의 시작 위치/ 잡는 병의 위치/ 엄지손가락의 방향/ 동작의 마감
  ex) 'BACK/BODY/DOWN/GRIP' 은 '몸의 등 뒤에서 병의 몸통부분을 엄지손가락이 아래로 향하게 하여 병을 쥔다' 라는 의미이다.
- ROLLING/BACK : 전면에서 먼저 동작(ROLLING)이 이루어진 후, 등 뒤(BACK)로 보내지는 동작
- BACK/FRONT/ROLLING : 등 뒤(BACK)에서 동작(ROLLING)이 시작되어 전면으로 보내지는 동작
- FRONT : 전면에서 이루어지는 Flair
- BACK : 후면(등 뒤)에서 이루어지는 Flair
- SIDE : 측면으로 이동하며 이루어지는 Flair
- HEAD LINE : 머리위에서 이루어지는 Flair
- SHOULDER LINE : 어깨주위에서 이루어지는 Flair
- BODY LINE : 가슴주위에서 이루어지는 Flair
  ※ 특별한 지적이 없는 한 'BODY LINE' 과 'FRONT' 라는 말은 생략한다.(대부분의 동작이 이루어지는 곳이기 때문)
  ※ 1회전은 720° 회전을 의미하고, 'Half' 는 360° 회전을 말한다.
- UP GRIP : 엄지손가락이 하늘을 향하여 잡는 것.
- DOWN GRIP : 엄지손가락이 바닥을 향하게 하여 잡는 것.
  ※ GRIP은 병목(Neck)을 잡는 것이 원칙이므로 따로 표시하지 않고 병 몸통(Body)을 잡는 것과 병 밑둥(Foot)을 잡는 것은 따로 표시한다.
- DROP : 병이 자연스럽게 바닥으로 떨어지게 하는 것.
- ROLLING : 병 밑둥(Foot)을 몸의 안쪽방향으로 회전시키는 것(1바퀴 이상).
- SWING : 병 밑둥(Foot)을 몸의 바깥쪽 방향으로 회전시키는 것(1바퀴 이상).
- TURN : 손바닥을 축으로 하여 병 밑둥(Foot)을 몸의 안쪽으로 회전시키는 것.

• REVOLVE : 손바닥을 축으로 하여 병 밑둥(Foot)을 몸의 바깥쪽으로 회전시키는 것.

• TOUCH : 병의 어느 한 부분을 치는 것(Neck, Foot 등).

• PUSH : 병을 밀거나 던지듯이(무릎, 팔, 어깨 등으로 튕기는 것 포함) 하는 것.

• TOSS : 다음 동작으로 이어지게끔 한 손에서 다른 한 손으로 병을 옮기는 것.
※ PUSH는 한손만 사용하지만, TOSS는 양손을 다 사용한다.

• STANDING : 병을 바로 세우거나(Stand) 눕혀 세우는(Stop) 기술.

• FITTING : 병을 믹싱 틴(mixing tin) 등에 끼우는 기술.

• ROUNDING : 병을 굴려서 잡는 기술.

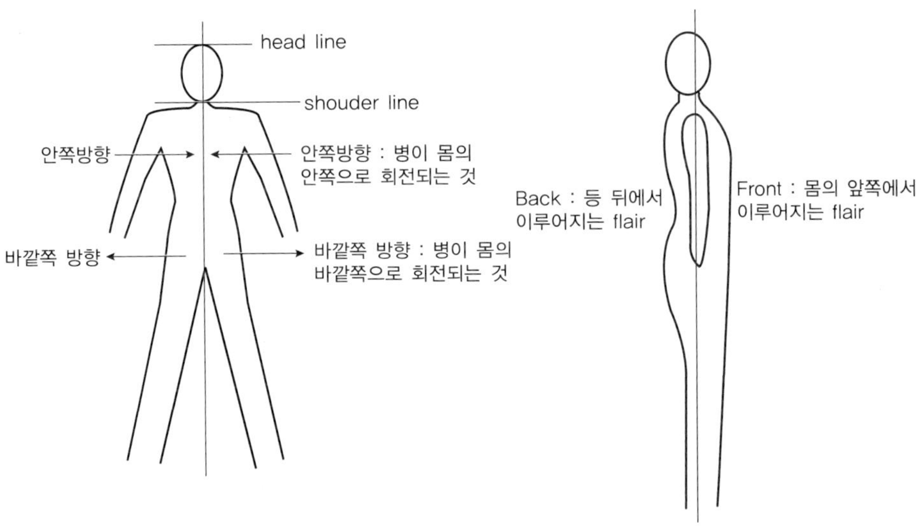

8절 Flair의 기본동작

Phase 1 기본 동작 익히기

플레어는 연속적으로 이어지는 다이나믹한 병의 움직임이 바텐더의 무의식적 동작으로 연출되어져야 하기 때문에 끊임없는 반복 연습을 통해 감각적으로 몸에 익히는 과정이 필요하다. 따라서 플레어의 기본동작을 하나씩 정확하게 몸으로 체득해야 하는 것은 플레어를 익히는데 있어 반드시 거쳐야 하는 과정이고, 또 이러한 과정을 통해 연속동작을 보다 자연스럽게 연출해 내어 하나의 완성된 퍼포먼스를 이룰 수가 있는 것이다.

Part 1. GRIP & DROP(쥐기와 떨어뜨리기)

Step 1. GRIP(쥐기)

① 방법

병의 내용물이 쏟아지지 않도록 병목이 위를 향하고 있어야 하며 자연스럽게 쥐어 다음 동작으로 이어지는데 물의가 없도록 해야 한다.

② 주의사항

- GRIP은 병의 목(Neck)을 잡는 것이 원칙이므로 따로 표시 하지 않고 병의 몸통(Body)을 잡는 것과 병의 밑둥(Foot)을 잡는 것은 따로 표시한다.
- UP ⇔ DOWN : 서로 반대 방향이다.

❶ UP/ GRIP: 플레어의 가장 기본적인 자세이며 병의 Neck을 엄지손가락이 위로 향하도록 잡는다.

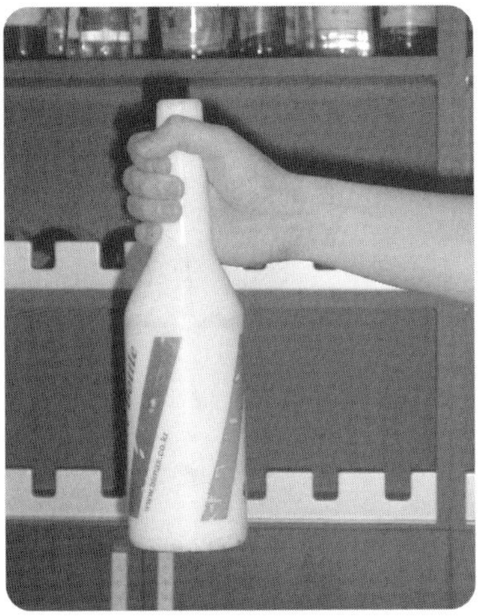

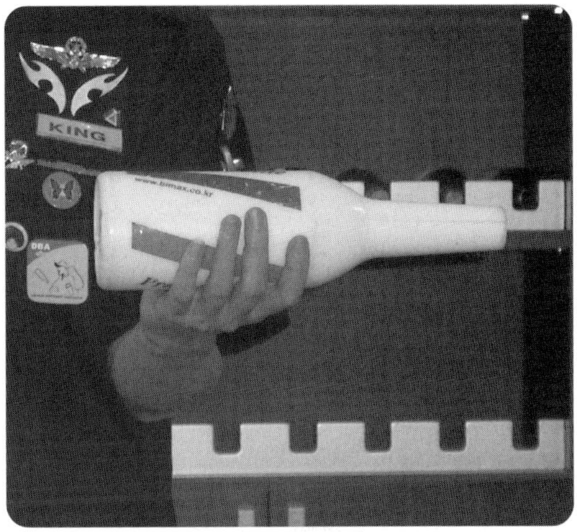

●UP/ GRIP

❷ DOWN/GRIP : 병의 Neck을 엄지손가락이 아래로 향하도록 잡는다.

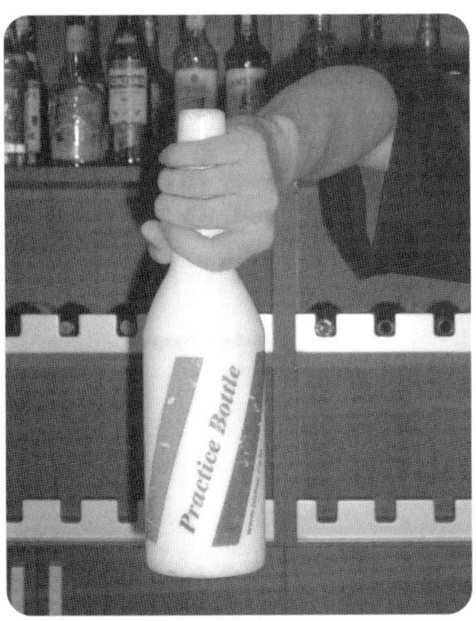

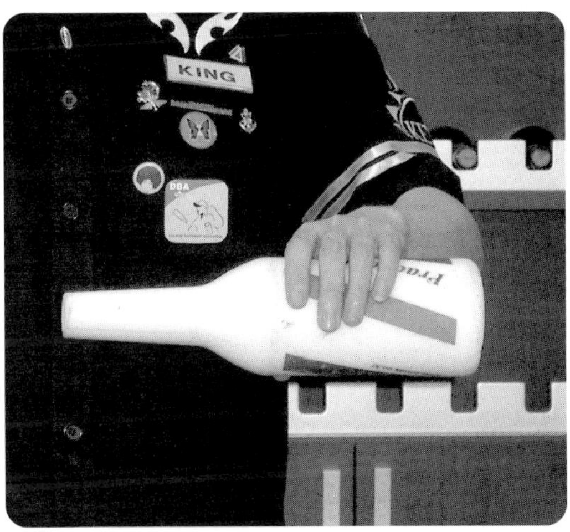

●DOWN/GRIP

❸ BODY/UP/GRIP : 병의 Body를 엄지손가락이 위로 향하도록 잡는다.

❹ FOOT/UP/GRIP : 병의 Foot을 엄지손가락이 위로 향하도록 잡는다.

● BODY/UP/GRIP

● FOOT/UP/GRIP

❺ BACK/DOWN/GRIP(=BACK/GRIP) : 등 뒤에서 'DOWN/GRIP' 하는 것으로 등 뒤에서는 엄지손가락이 대부분 'DOWN' 자세를 취하기 때문에 'DOWN' 표시를 생략한다.

❻ BACK/BODY/DOWN/GRIP(=BACK/BODY/GRIP) : 등 뒤에서 'BODY/GRIP' 하는 것이다.

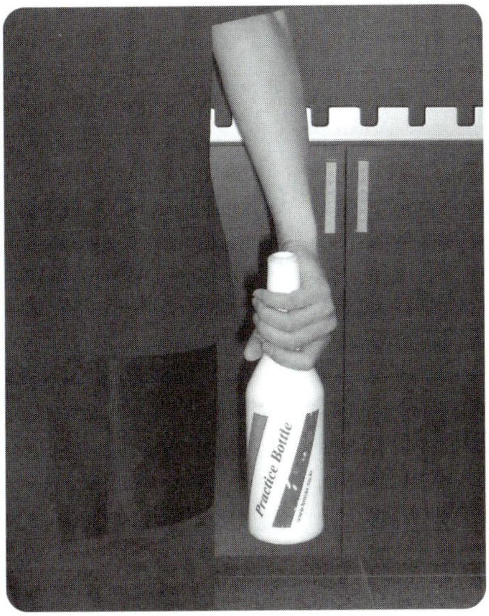

●BACK/DOWN/GRIP

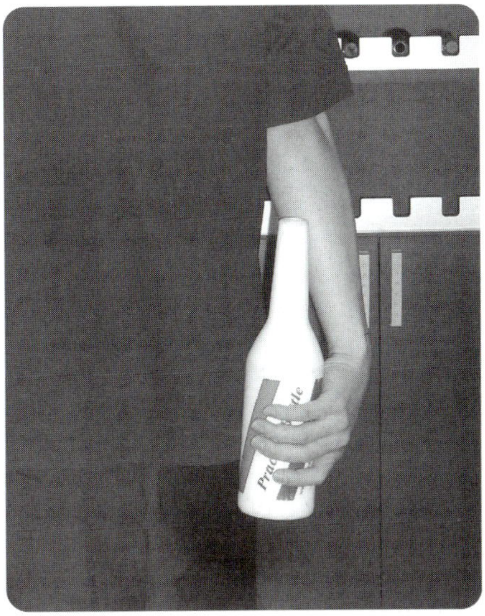

●BACK/BODY/DOWN/GRIP

Step 2. DROP(떨어뜨리기)

① 방법

병을 바닥으로 '떨어 뜨린다' 라는 느낌으로 손에서 천천히 힘을 뺀다.

② 주의사항

Drop후 다시 Grip할 것을 감안하여 자연스럽게 떨어뜨린다.

❶ DROP : 흔들림 없이 자연스럽게 한다.

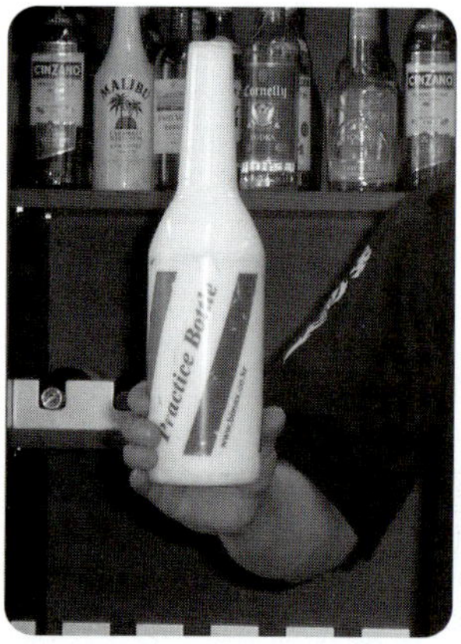

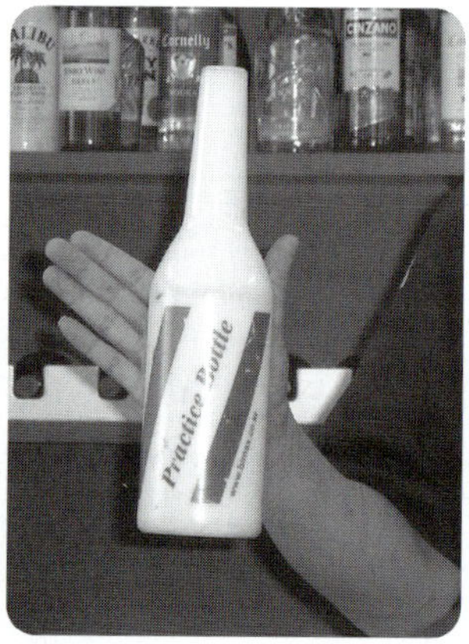

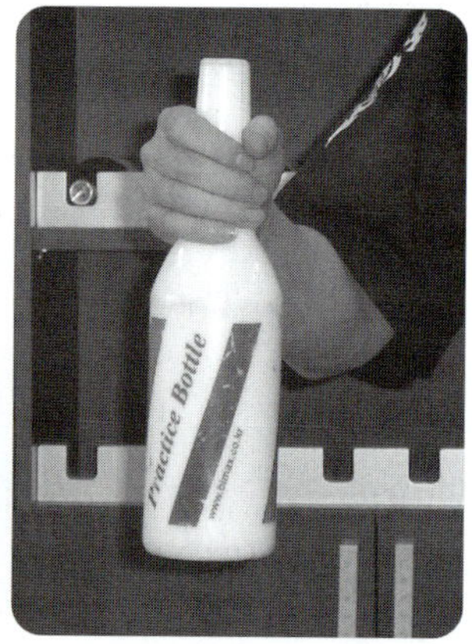

1 BODY/UP/GRIP **2** DROP **3** UP/GRIP

❷ BACK/DROP(shoulder Line)

어깨 이상의 부위에서 이루어지는 동작으로 병을 Drop한 손으로 다시 Grip해야 함으로 민첩하고 감각적인 손놀림이 요구된다.

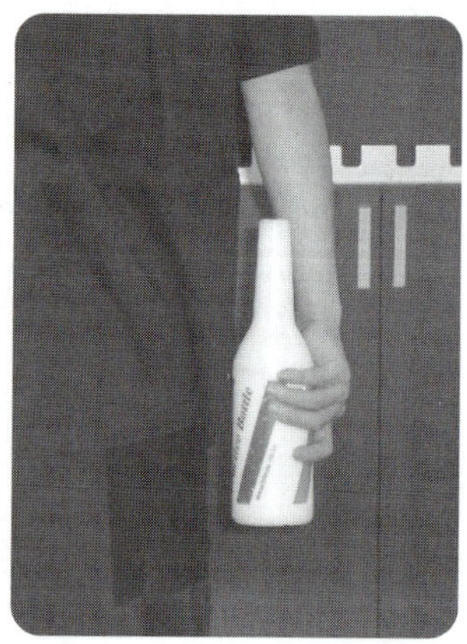

1 BACK/GRIP(shoulder line) **2** DROP **3** BACK/BODY/GRIP

Part 2. ROLLING & SWING(돌리기와 젖히기)

Step 1. ROLLING(돌리기)

① 방법

'UP/ GRIP' 자세에서 병의 Foot을 몸의 안쪽으로 회전시키는 동작이다. 손목의 스냅을 이용하여 자연스럽게 회전시키는 것으로 'UP/GRIP' 에서 'DOWN/GRIP' 까지 부드럽게 이어지도록 한다.

② 주의사항

- 'ROLLING' 은 다른 동작과는 달리 'SIDE/ROLLING' 을 원칙으로 하기 때문에 'SIDE' 란 말을 생략하기로 한다. 따라서 'ROLLING' 은 'SIDE/ROLLING' 을 의미하는 것이다.
- 'ROLLING' ⇔ 'SWING' : 서로 반대 동작이다.

❶ ROLLING : 몸의 가슴 부위에서 벗어나지 않도록 한다.

1 UP/GRIP

2 1회전 전

■3 1회전 후

■4 DOWN/GRIP

❷ FRONT/ROLLING : 몸의 앞쪽에서 뒤쪽으로 회전시키는 것이다.

■1 DOWN/GRIP

■2 1회전 전

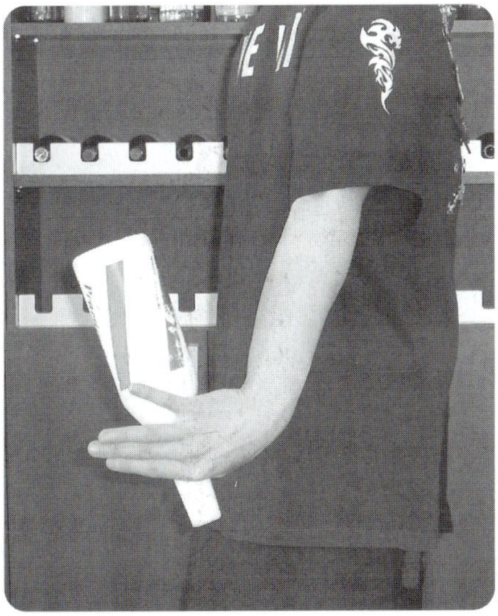

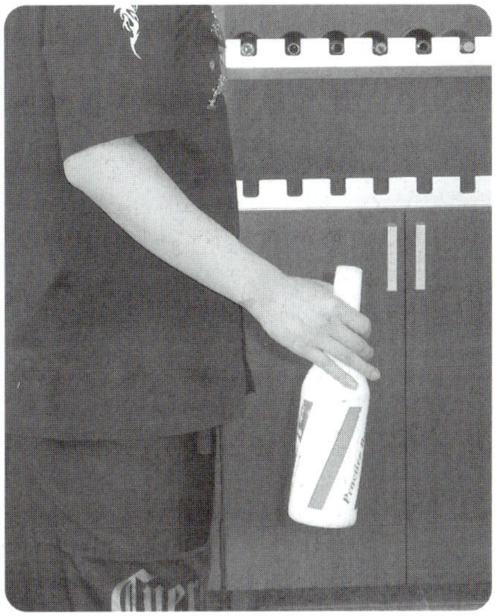

3 1회전 후　　**4** UP/GRIP

❸ FRONT/ROLLING/BACK : 한 쪽 손으로 'FRONT/ROLLING' 하여 병을 몸의 뒤쪽으로 보내고 다시 그 손으로 Grip하는 것이다.

1 UP/GRIP　　**2** 1회전 전

3 1회전 후

4 BACK/BODY/GRIP

Step 2. SWING(젖히기)

① 방법

'DOWN/GRIP' 자세에서 병의 Foot을 몸의 바깥쪽으로 회전시키는 것으로 Rolling과 비슷하다.

② 주의사항

'SWING' 은 'ROLLING' 과 마찬가지로 'SIDE/SWING' 을 원칙으로 하기 때문에 'SIDE' 란 말을 생략하기로 한다. 따라서 'SWING' 은 'SIDE/SWING' 을 의미하는 것이다.

❶ SWING : 마지막 'DOWN/GRIP' 시 병이 흔들리지 않도록 한다.

1 DOWN/GRIP

2 1회전 전

3 1회전 후

4 UP/GRIP

❷ FRONT/SWING : 병을 몸의 앞쪽으로 회전시키는 것으로 손가락의 스냅을 이용하여 밀듯이 한다.

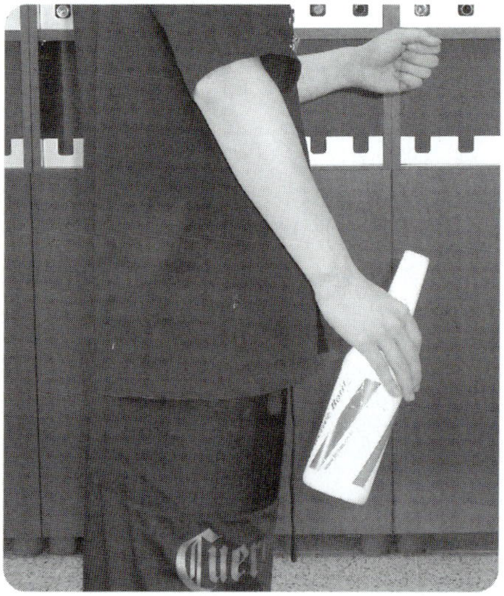

1 UP/GRIP

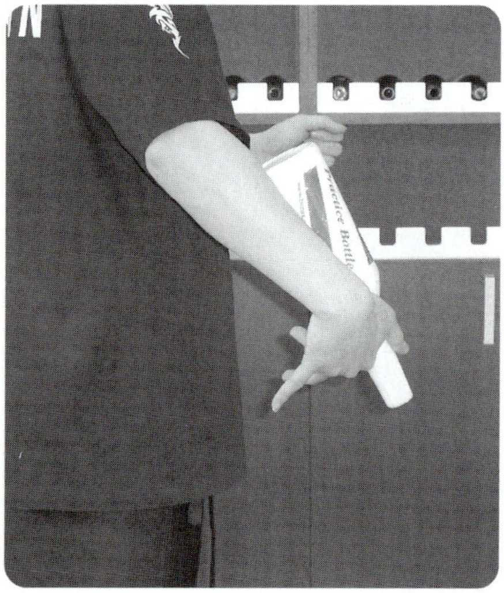

2 1회전 전

3 1회전 후

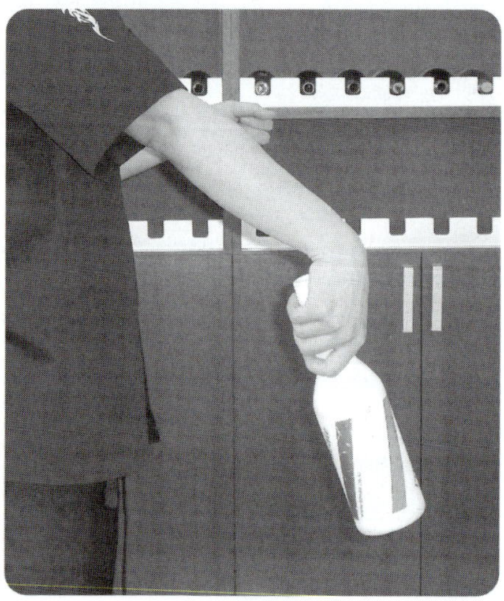

4 DOWN/GRIP

❸ BACK/FRONT/SWING(shoulder line) : 손가락과 손목을 이용하여 밀듯이 한다.

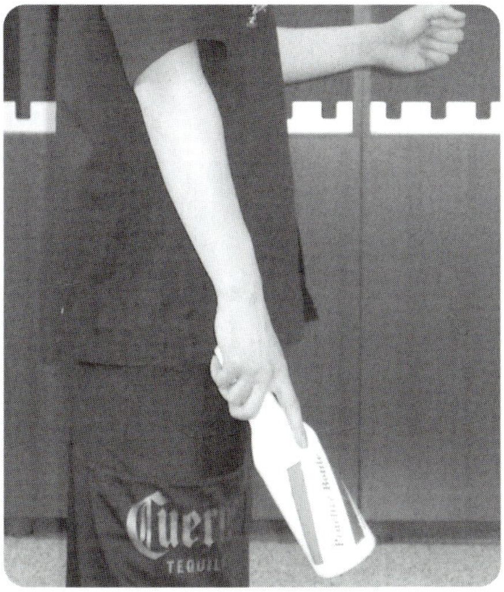

1 BACK/GRIP

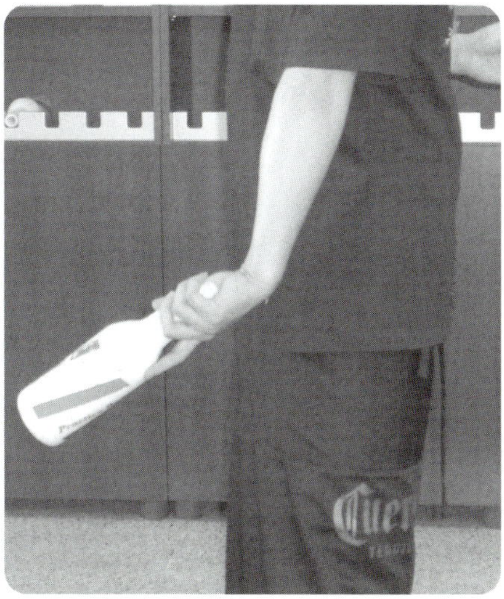

2 1회전 전

3 1회전 후

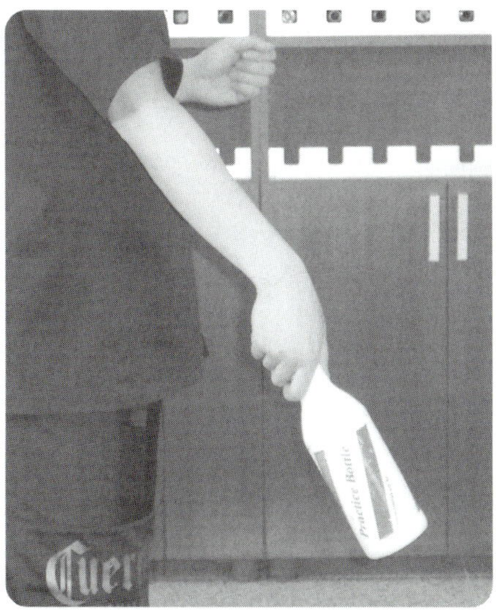

4 DOWN/GRIP

❹ ROLL · SWING : ROLLING과 SWING의 동작이 동시에 이루어지는 것이다.

1 UP/GRIP

2 1회전 전

3 1회전 후

4 UP/GRIP

Part 3. TURN & REVOLVE(축을 대고 돌리기 & 젖히기)

Step 1. TURN(축을 대고 돌리기)

① 방법

'BODY/UP/GRIP' 자세에서 손바닥을 축으로 하여 병의 Foot을 몸의 안쪽으로 회전시키는 것으로 스냅을 이용하여 회전시키되 병이 손바닥에서 벗어나지 않도록 한다.

② 주의사항

- 'SIDE/TURN' 은 'ROLLING' 과 비슷하지만 허공에서 '병' 만 도는 것은 'ROLLING' 이고, 병과 함께 손바닥이 축이 되어 도는 것은 'SIDE/TURN' 이다.
- 'TURN' ⇔ 'REVOLVE' : 서로 반대 동작이다.

❶ SIDE/TURN : 포물선을 그리듯 몸의 옆 방향으로 자연스럽게 회전시킨다.

1 BODY/UP/GRIP

2 1회전 전

3 1회전 후

4 BODY/DOWN/GRIP

❷ TURN : 몸의 앞쪽에서 뒤쪽으로 회전시키는 것으로 어깨선을 넘지 않도록 한다.

1 BODY/UP/GRIP

2 1회전 전

3 1회전 후

4 BODY/UP/GRIP

❸ TURN/BACK(shoulder line) : 몸의 앞쪽에서 뒤쪽으로 회전시키는 것으로 어깨 뒤에서 병의 Neck이나 Body를 Grip해야 한다.

1 BODY/UP/GRIP

2 1회전 전

3 1회전 후

4 BACK/GRIP

Step 2. REVOLVE (축을 대고 젖히기)

① 방법

'BODY/UP/GRIP' 자세에서 손바닥을 축으로 하여 병의 Foot을 몸의 바깥쪽으로 회전시키는 것으로 스냅을 이용하여 회전시키되 병이 손바닥에서 벗어나지 않도록 한다.

② 주의사항

'SIDE/REVOLVE' 는 'SWING' 과 비슷하지만 허공에서 '병' 만 도는 것은 'SWING' 이고 병과 함께 손바닥이 축이 되어 도는 것은 'SIDE/REVOLVE' 이다.

❶ SIDE/REVOLVE : 포물선을 그리듯 자연스럽게 몸의 옆 방향으로 회전시킨다.

1 BODY/DOWN/GRIP

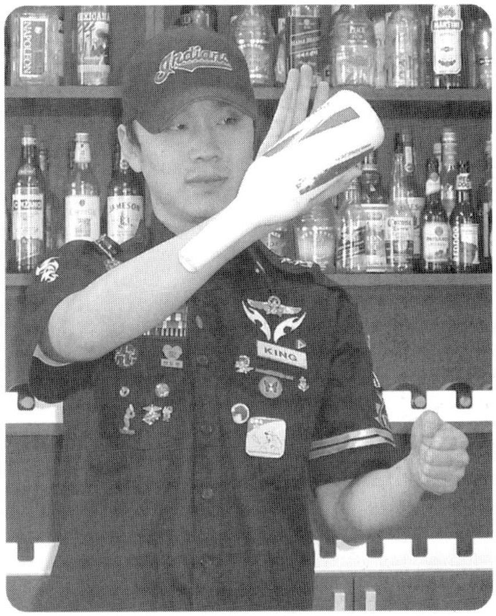

2 1회전 전

3 1회전 후

4 BODY/UP/GRIP

❷ REVOLVE : 몸의 뒤쪽에서 앞쪽으로 회전시키는 것으로 어깨선보다 조금 앞에서 시작한다.

1 BODY/UP/GRIP

2 1회전 전

3 1회전 후

4 BODY/UP/GRIP

❸ BACK/REVOLVE(shoulder line) : 몸의 어깨 뒤쪽에서 앞쪽으로 회전시키는 것으로 'BODY/UP/GRIP' 자세로 마무리 한다.

1 BACK/BODY/GRIP

2 1회전 전

3 1회전 후

4 BODY/UP/GRIP

Part 4. TOUCH, PUSH & TOSS(치기와 밀기 그리고 건네기)

Step 1. TOUCH(치기)

① 방법

병의 어느 한 부위를 치고 다시 잡는 것이다.

② 주의사항

병이 원하는 만큼 움직일 수 있도록 적당히 세기로 친다.

❶ NECK/TOUCH : 병의 Neck을 친다.

1 BODY/DOWN/GRIP

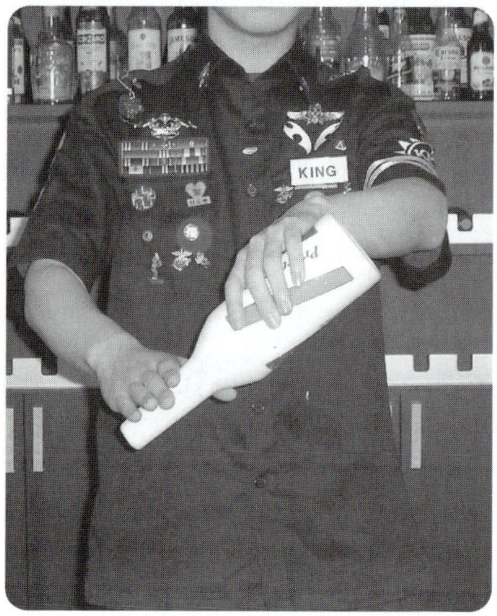

2 TOUCH 전

3 UP/GRIP

❷ FOOT/TOUCH : 병의 Foot을 친다.

1 BODY/UP/GRIP

2 TOUCH 전

3 TOUCH 후

4 UP/GRIP

Step 2. PUSH(밀기)

① 방법

병을 밀거나 던지듯이(무릎, 팔, 어깨 등으로 튕기는 것 포함)하여 다시 잡는 것이다.

② 주의사항

'PUSH' 는 'TOSS' 와 비슷하지만 한 손만을 이용한다.

❶ SIDE/PUSH : 병이 회전하지 않도록 주의한다.

1 BODY/UP/GRIP

2 PUSH 전

3 PUSH 후

4 BODY/DOWN/GRIP

❷ BACK/FRONT/PUSH : 병을 밀어 올리듯이 하고 손가락으로 병의 중심을 잘 잡는다.

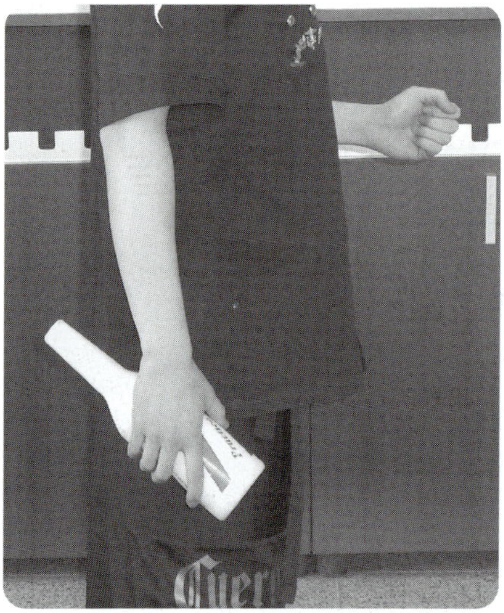

1 BACK/BODY/GRIP

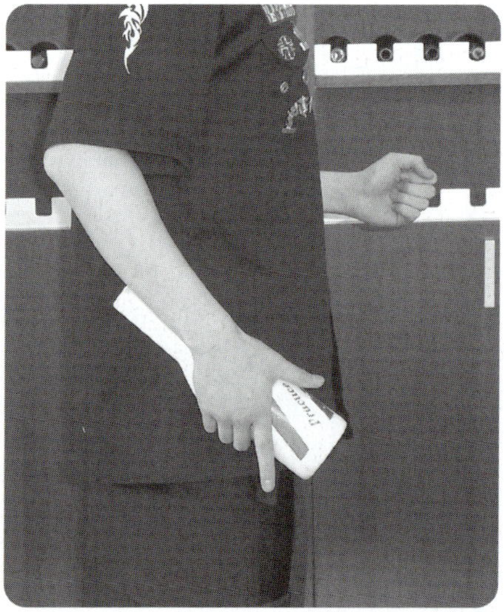

2 PUSH 전

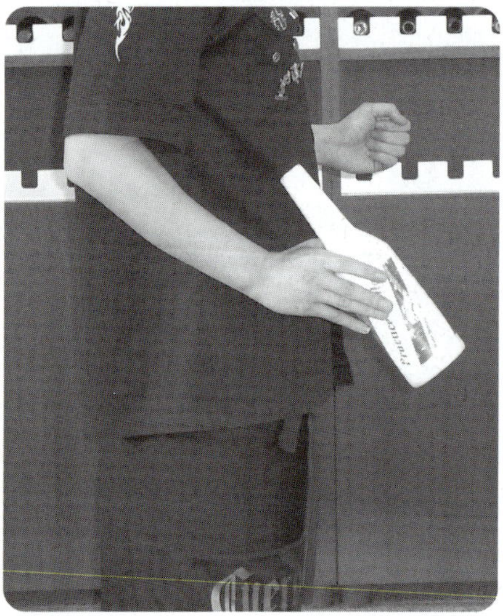

3 PUSH 후

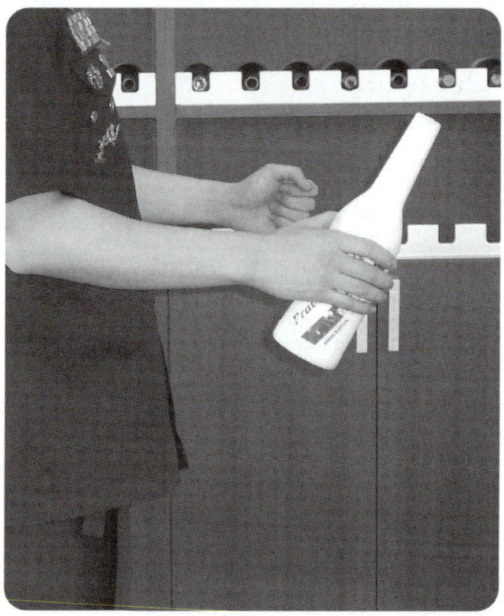

4 BODY/UP/GRIP

❸ PUSH/BACK : 'PUSH' 한 손으로 등 뒤에서 다시 Grip해야 함으로 민첩하게 움직여야 한다.

1 BODY/UP/GRIP

2 PUSH 전

3 PUSH 후

4 BACK/BODY/GRIP

Step 3. TOSS(건네기)

① 방법

다음 동작으로 이어지게끔 한 쪽 손에서 다른 쪽 손으로 병을 건네는 것이다.

② 주의사항

'TOSS' 는 두 손 모두를 사용해야 한다. 만일 한 손만을 사용한 후 다시 그 손으로 병이 옮겨졌다면 'PUSH' 라고 해야 한다.

❶ SIDE/TOSS : 자연스럽게 병을 왼손에서 오른손으로 건넨다.

1 BODY/UP/GRIP

2 SIDE/TOSS

3 BODY/UP/GRIP

❷ TOSS/BACK : 오른손으로 병의 body를 잡고 등 뒤로 던진 뒤 왼손으로 이를 다시 Grip한다.

1 BODY/UP/GRIP

2 TOSS/BACK

3 BACK/BODY/GRIP

❸ BACK/FRONT/TOSS : 등 뒤에서 왼손으로 병을 앞으로 던지면 오른손으로 자연스럽게 Grip한다.

1 BACK/BODY/GRIP

2 BACK/FRONT/TOSS

3 BODY/UP/GRIP

Part 5. STANDING, FITTING & ROUNDING (세우기와 끼우기 그리고 굴리기)

Step 1. STANDING(세우기)

① 방법

병을 손등이나 팔 등의 부위로 세우거나(Stand) 눕혀 세우는(Stop) 것이다.

② 주의사항

병이 흔들리지 않게 회전시켜야 한다.

❶ FRONT/ROLLING/STANDING

'FRONT/ROLLING' 한 후 손등으로 병을 세우는 것이다.

1 UP/GRIP　2 FRONT/ROLLING　3 STANDING

❷ BACK/FRONT/SWING/STANDING(Shoulder Line)

'BACK/SWING' 한 후 손등으로 병을 세우는 것이다.

1 BACK/GRIP

2 1회전 전

3 1회전 후

4 STANDING

❸ BACK/FRONT/SWING/STANDING(Shoulder Line)

'BACK/FRONT/SWING' 한 후 굽힌 팔뚝으로 병을 눕혀서 세우는 것이다.

1 BACK/GRIP

2 1회전 전

3 1회전 후

4 STANDING

Step 2. FITTING(끼우기)

① 방법

병을 믹싱 틴(mixing tin) 등에 끼우는 것이다.

② 주의사항

다른 어떤 기술보다도 정확성이 요구되는 것이므로 병에서 시선을 떼지 않도록 한다.

❶ FRONT/ROLLING/TOSS/FITTING

'FRONT/ROLLING' 한 후 다른 손에 쥐여져 있는 믹싱틴으로 회전하는 병의 Foot을 끼운다.

1 UP/GRIP

2 1회전 전

3 1회전 후 **4** FITTING

❷ BACK/FRONT/SWING/TOSS/FITTING(shoulder line)

'BACK/FRONT/SWING' 한 후 다른 손에 쥐여져 있는 믹싱틴으로 회전하는 병의 Foot을 끼운다.

1 BACK/GRIP **2** 1회전 전

3 1회전 후

4 FITTING

Step 3. ROUNDING(굴리기)

① 방법

병을 팔이나 어깨 부위 등으로 굴려서 잡는 것이다.

② 주의사항

천천히 구르게 하여 병의 회전이 시야에 들어오도록 한다.

❶ ROUNDING(shoulder Line)

팔을 앞으로 곧게 펴고 끝을 약간 올려 병이 자연스럽게 구르게 한다.

1 BODY/DOWN/GRIP

2 ROUNDING 전

3 ROUNDING 후

4 BODY/DOWN/GRIP

❷ SIDE/ROUNDING(shoulder Line)

팔을 옆으로 곧게 펴고 끝을 약간 올려 병이 자연스럽게 구르게 한다.

1 BODY/DOWN/GRIP

2 ROUNDING 전

3 ROUNDING 후

4 BODY/DOWN/GRIP

Phase 2 연속 동작 익히기

각 Part별 부분 동작을 두 동작 이상 연결하여 끊어지는 동작이 없이 자연스럽게 이어지도록 해야 하는데 이때는 동작에 맞게 발이나 몸의 방향도 함께 바꿔주면서 율동감을 주도록 한다.

Part 1. ROLLING & SWING

Step 1. ROLLING ⇒ SWING

⑤

⑥

⑦

Step 2. ROLLING/SIDE/TOSS ⇒ ROLL · SWING/SIDE/TOSS

⑤

⑥

⑦

Part 2. TURN & PUSH

Step 1. SIDE/TURN ⇒ SIDE/PUSH

①

②

③

④

⑤

⑥

⑦

Step 2. TURN/BACK(shoulder line)⇒DROP⇒BACK/BODY/GRIP⇒BACK/PUSH

⑤

⑥

⑦

Part 3. STANDING & FITTING

Step 1. FRONT/ROLLING/STANDING⇒PUSH/UP/GRIP⇒ BACK/FRONT/SWING(shoulder line)⇒TOSS⇒FITTING

⑤

⑥

⑦

Step 2. SIDE/ROUNDING(shoulder line)⇒TOSS⇒BACK/BODY/GRIP

①

②

③

④

⑤

Phase 3 응용 동작 익히기

연속동작을 충분히 연습하였다면 이를 응용하여 하나의 완성된 퍼포먼스를 만들어 보도록 한다. 이때는 무엇보다 기본동작 하나하나가 자연스럽게 이어지도록 하여야하며 가능하면 시간을 정해놓고 전체적인 퍼포먼스가 그 시간 내에 맞춰지도록 연출한다.

Step 1.

ROLLING(HALF) ⇒ DROP ⇒ UP/GRIP ⇒ DOWN/GRIP ⇒ SWING(HALF) ⇒ ROLLING ⇒ SWING ⇒ ROLLING ⇒ BACK/FRONT/SWING ⇒ FOOT/TOUCH ⇒ DOWN/GRIP ⇒ BACK/FRONT/PUSH ⇒ TOSS/BACK ⇒ BACK/FRONT/TOSS

Step 2.

UP/GRIP ⇒ ROLLING(HALF) ⇒ TOSS/BACK(shoulder line) ⇒ DROP ⇒ TOSS ⇒ BACK/BODY/GRIP ⇒ BACK/FRONT/PUSH ⇒ DROP ⇒ ROLL.SWING /SIDE/TOSS ⇒ FOOT/TOUCH ⇒ TOSS ⇒ UP/GRIP ⇒ ROLLING ⇒ BACK/FRONT/SWING ⇒ STANDING

제4장 CLASSIC BAR 실무

- 1절 Classic Cocktail이란
- 2절 칵테일 조주시 주의사항
- 3절 Classic Cocktail 만들기
- 4절 틀리기 쉬운 칵테일

학습 POINT

1. 칵테일 조주시 사용되는 각종 기구와 기물의 사용법을 정확히 숙지한다.
2. 레시피의 목적과 읽는 법을 알아본다.
3. 칵테일의 정확한 장식법과 글라스 사용법을 익힌다.
4. 틀리기 쉬운 칵테일의 정확한 조주법을 익힌다.

제4장

CLASSIC BAR 실무

1절 Classic Cocktail이란

호텔 바(bar)나 스카이라운지, 혹은 일반 모던 바(modern bar)와 같은 조용하고 클래식(classic)한 분위기 속에서 바텐더의 철저한 개인위생, 세련된 용모, 정형화된 레시피(recipe), 숙련된 조주기술 등을 바탕으로 비교적 정적인 동작을 통해 조주되는 칵테일을 'Classic Cocktail' 이라고 말한다.

어쩌면 이 책에서 사용되고 있는 'Flair Bartender, Classic Bartender, Flair Cocktail, Classic Cocktail' 등의 용어는 전문 바텐더들에게조차 다소 생소하게 느껴지는 단어일지도 모른다. 그것은 사실상 이들을 따로 분류하여 설명할 수 있는 명확한 분류기준을 제시할 수 없었고 또, 애써 서로 구분지어 생각할 필요성도 없었기 때문이다.

허지만 이제는 바(bar)와 바텐더도 세분화, 전문화시킬 필요가 있다. 이를 통해 고객에게는 자신의 취향에 맞는 장소를 쉽게 고를 수 있는 선택의 폭을 넓혀주고 바텐더에게는 애초부터 자신의 성격과 적성에 맞는 진로를 선택할 수 있게 하여 그 분야에서 통용되는 보다 전문적인 지식과 기술 그리고 직업적인 마인드를 습득할 수 있을 것이다.

2절 칵테일 조주시 주의사항

1 복장 갖추기

복장은 반드시 고급 소재가 아니더라도 항상 깨끗하고 단정하게 차려 입어야 하는데 화려한 색상보다 흰색과 검정색을 주로 이용하여 코디하는 것이 바람직하다. 와이셔츠는 앞단추를 풀어 헤치지 말고 넥타이나 스카프 등으로 마감하는 것이 좋으며 머리는 흘러 내리지 않게 잘 정돈하고 화장은 너무 진하게 하지 말며 손과 손톱은 항상 청결하게 유지하여야 한다.

2 병 취급 방법

칵테일 조주시 병을 잡을 때에 병의 몸통 부분을 잡되 라벨이 전면을 향하게 하여 손님이 어떤 술을 사용하는지 볼 수 있도록 하는 것을 원칙으로 한다. 그러나 병의 디자인 특성상 용이하지 않을 경우는 안전하게 취급할 수 있는 방법을 선택한다.

캡(cap)을 열 때에는 왼손으로 캡을 잡고 오른손으로 병의 몸통을 쥐어 캡의 오픈(open)방향과 서로 반대 방향으로 병을 돌리면 보다 신속하게 열 수가 있다. 이때 빼낸 캡은 왼손의 엄지와 인지사이로 가볍게 누르는 느낌으로 갖고 있으면서 오른손에 든 병의 술을 따른다. 캡을 씌울 때는 오픈(open)했던 순서의 역방향으로 하면 된다.

3 글라스 취급 방법

고객에게 칵테일을 제공하거나 평소에 글라스를 취급할 때에도 글라스의 림(rim), 즉 사람의 입이 닫는 부위를 절대 손으로 잡아서는 안 된다. 손잡이(stem)가 있는 글라스는 항상 그 부분을 잡도록 하고 없는 경우는 글라스의 밑 부분을 잡고 잔 받침(coaster)을 이용하여 제공한다.

글라스를 닦을 때에는 중성세제로 따뜻한 물에서 세척한 뒤 흐르는 물에 다시 한 번 더 헹구고 그대로 업어두어 물기를 뺀 후 충분히 건조된 뒤에 깨끗한 천으로 잘 닦는다.

4 계량컵 취급 방법

계량컵은 'Measure cup' 또는 'Jigger' 라고 하며 인지와 중지로 사이로 잡는 것이 좋다. 병에서 캡을 분리하여 엄지와 인지로 쥐고 있다면 인지와 중지 사이에 계량컵을 살짝 끼워 넣음으로써 그 속에 병의 술을 신속하게 따를 수 있고 계량컵에 따른 술 또한 신속하게 쉐이커나 글라스에 부을 수 있다. 물론 그 만큼 동선이 짧아 술을 쏟을 위험도 줄어든다.

5 쉐이커 취급 방법

쉐이커는 크게 캡(Cap), 스트레이너(Strainer), 바디(body)로 구분되는데 각 부분을 잘 조합한 후 캡이 바텐더 쪽으로 향하게 하여 왼손 엄지로 스트레이너를 누르고 나머지 손가락을 이용하여 바디를 받치듯 감싼다. 오른손 엄지로는 캡을 누르고 나머지 손가락을 이용하여 바디를 위에서 감싸듯 쥔 다음 리듬감 있게 쉐이크(shake)한다.

3절 • Classic Cocktail 만들기

1 칵테일 조주 순서(국가 조주기능사 시험기준)

1 술과 기물의 위치파악하기

2 개인위생(손 닦기)

3 기물위생(글라스 닦기)

4 기물위생(쉐이커 닦기)

5 글라스 및 쉐이커 칠링(chilling)

6 주재료 및 부재료넣기

7 쉐이크

8 글라스에 얼음제거

9 플로스트

10 스트레이너를 통해 음료따르기

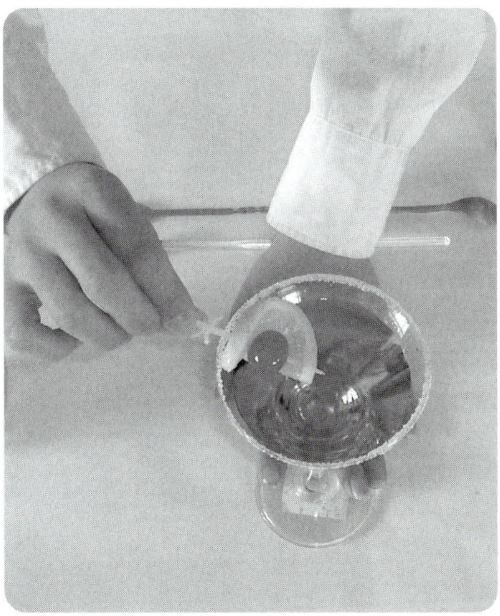

11 장식하기

12 코스터(coaster) 사용하여 서브하기

4절 틀리기 쉬운 칵테일

1 Bloody Marry(블러드 메리)

기본적인 칵테일 조주순서는 같지만, 글라스에 얼음을 채우기 전(글라스 칠링 전) 소금 후추, 타바스코소스, 우스터소스를 기준량만큼 넣고 머들러(muddler)를 이용하여 분말이 소스에 잘 용해되도록 한 다음 얼음을 채우고 보드카와 토마토 쥬스를 붓고 바 스푼(bar spoon)을 이용하여 잘 저어 준다.

①

②

③

④

⑤

⑥

2 Pink lady(핑크레이디)

계란이 들어가는 칵테일을 조주시 기본적인 칵테일 조주순서는 같지만 쉐이커에 주·부재료를 넣기 전에 계란의 흰자나 노른자 중 하나를 선택하여 미리 분리시켜 놓고 쉐이커에 주재료와 부재료를 다 넣은 후 맨 마지막에 준비해 두었던 계란을 함께 넣고 쉐이크한다.

3 Sour(사워), Fizz(피즈), Collins(칼린스)

기본적인 칵테일 조주순서는 같지만, 쉐이크 하기 전에 소다수를 뺀 나머지 재료들을 쉐이커에 모두 넣고 충분히 쉐이크한다. 그런 다음 미리 냉각시킨 글라스 속의 얼음을 제거하고 다시 새로운 얼음으로 글라스를 채운 후 쉐이커의 음료를 따른다. 마지막으로 칵테일의 부족한 용량을 소다수로 채운 후 바 스푼으로 2~3회 저어준다. 이때 소다수를 함께 쉐이크 하지 않는 이유는 소다수속의 탄산으로 인해 쉐이커가 폭발할 위험이 있기 때문이며, 혹여 그렇지 않더라도 탄산이 모두 기화하여 맛이 떨어지기 때문이다.

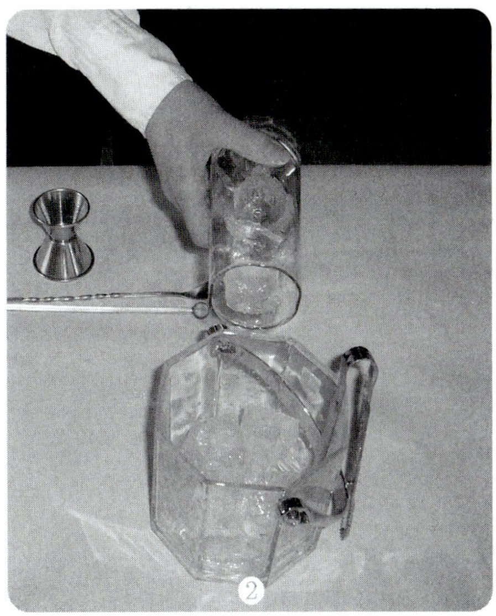

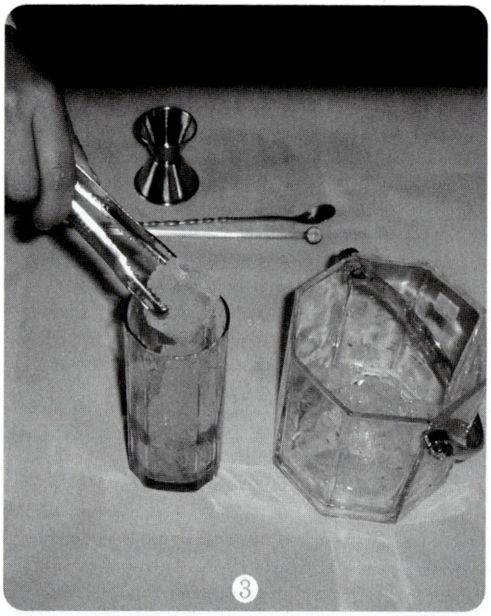
③

④

⑤

⑥

부록

1. 국가기술 자격 검정시험 안내
2. 실기 시험 칵테일(50문제)
3. 국가기술자격 검정시험 기출문제

국가기술자격 검정 실기시험

자 격 종 목	조 주 기 능 사	작 품 명	공 통

비번호(등번호)

시험시간 : 7분　　　　　　　　　　　　　　　　　　연장시간 : 없음

●다음의 공개된 작품 중 감독위원이 제시한 3가지 작품을 조주하여 제출하시오.

1. Angel' s Kiss
2. Manhattan Cocktail
3. Dry Martiny
4. Gimlet Cocktail
5. Stinger Cocktail
6. Wine Cooler
7. Old Fashioned
8. Brandy Alexander
9. Pink Lady
10. Bloody Mary
11. Brandy Egg Nogg
12. Singapore Sling
13. Tom Collins
14. Black Russian

15. Margarita Cocktail
16. Irish Coffee
17. Rusty Nail
18. Brandy Sour
19. Golden Cadillac
20. Harvey Wallbanger
21. Daiquiri
22. Kiss Of Fire
23. B & B
24. Orange Blossom
25. New York
26. Mai-Tai
27. Bacardi Cocktail
28. Screw Driver
29. Gibson Cocktail
30. Sloe Gin Fizz
31. Cuba Libre
32. Grasshopper
33. Gin Tonic
34. Rob Roy
35. Zoom Cocktail

36. Negroni

37. Gin Rickey

38. Side Car

39. Gin Fizz

40. Chi-Chi

41. Between the Sheet

42. Moscow Mule

43. Apricot Cocktail

44. Olympic

45. Honeymoon Cocktail

46. Hawaiian Cocktail

47. Paradise Cocktail

48. Millon Dollar

49. Spritzer

50. Tequila Sunrise

국가기술자격 검정 시험안내

●근거

국가기술자격법상 음식료품 분야 내 조주기능사

●응시자격

응시자격에 제한이 없음(현재 조주분야에는 기사나 기능장, 기술사 등과 같은 등급이 없기에 자격제한이 없다).

●시행처

한국산업인력공단이 연 2회 이상 실시

●검정방법

필기시험 및 실기시험순으로 시행하며 실기시험은 필기시험 합격자에 한한다. 단, 필기시험에 합격하고 실기시험에 불합격한 자에 대해서는 당해 시험의 발표일로부터 2년 이내에 필기시험이 면제되며 시험이 2년 이내에 시행되지 아니할 경우에는 다음에 이어지는 1회의 검정시험에서만 필기시험이 면제

●필기시험

주장관리개론, 양주학개론, 기초영어

●실기시험

칵테일조주작업

●필기시험

_필기시험은 60% 이상이 합격(60문항시 36개 이상이 합격선)

_주요내용

주장관리의 개요, 주장용원의 직무, 저장관리, 위생관리, 주류 취급요령, 재고관리, 영업관리, 접객요령 등과 술에 대한 일반적 이해, 알콜음료의 이해, 칵테일 조주기구와 제법, 재료, 용량 등 주장서비스 영어 및 음료기초 전문용어 등

_준비사항

신분증, 수험서, 수성싸인펜을 지참하고 지정장소에 정시에 입실한다.

●실기시험

_50개의 공개작품중 무작위 3작품을 7분 이내에 완성해야 합격

_채점기준 : 100점 중 60점 이상이 합격

· 각종 재료 및 기구 선택법(33점)

· 글라스를 작품에 따라 정확하게 선택(9)

· 주재료(주류)를 작품 따라 정확하게 선택(15)

· 부재료(주류 이외의 재료)를 정확하게 선택(9)

_재료의 주입법(9점)

· 상표가 손님에게 보이는 방향으로 술병을 잡는다.(3)

· 술을 따를 때의 숙련도(6)

_칵테일 방법(42점)

· 주재료의 정확한 주입량(12)

· 각종 재료의 주입순서와 사용방법의 정확성(12)

*소다수 사용방법, 슬라이스 숙련도, 얼음사용법 등

· 작품에 따른 조주법의 적용(6)

· 작품의 양(6) - 해당 글라스의 8부 정도가 적당

· 각종 기구의 취급방법(6)

_위생상태(10점) : 청결관리 및 수검자 위생상태

_서비스 자세 (6점) : 글라스 잡는 법과 서브방법

●수검자 유의 사항

1. 시설은 지정하여 준 것만을 사용하며 지정된 장소에서 이탈시는 감독위원의 승인을 받아야 한다.
2. 시험장내에서는 정숙하여야 한다.
3. 미리 재료를 가지고 시험장에 입실시는 부정행위자로 처리한다.
4. 검정이 완료되면 작품을 즉시 지시한 장소에 제출해야 한다.
5. 모든 시설은 파손되지 않도록 주의하여 취급한다.
6. 감독위원이 요구한 3가지 작품을 7분 이내에 완료해야 하고, 실기시험이 끝난 수검자는 본인이 사용한 기물을 3분 이내에 세척하여 원위치에 놓고 퇴장한다.
7. 요구된 작품 모두의 주재료(주류) 선택이 잘못되면 미완성 작품으로 채점대상에서 제외된다.

실기시험 칵테일(50문제)

칵테일명	재료	분량	방식	잔/장식
Angel's Kiss	C/D Cacao	$\frac{1}{4}$oz	Float	Liqueur Glass
	Sloe Gin	$\frac{1}{4}$oz		Red Cherry
	Brandy	$\frac{1}{4}$oz		
	Light Cream	$\frac{1}{4}$oz		
Manhattan Cocktail	Bourbon Whiskey	1oz	Stir	Cocktail Glass
	Sweet Vermouth	$\frac{1}{2}$oz		Red Cherry
	Angostura Bitter	1ds		
Dry Martiny	Dry Gin	2oz	Stir	Cocktail Glass
	Dry Vermouth	$\frac{1}{3}$oz		Olive
Gimlet Cocktail	Dry Gin	1oz	Shake	Cocktail Glass
	Lime Juice	$\frac{1}{2}$oz		
	Sugar	1ts		
Stinger Cocktail	Brandy	1$\frac{1}{2}$oz	Shake	Cocktail Glass
	C/D de Menthe(W)	$\frac{1}{2}$oz		
Wine Cooler	Wine	1oz	Build	High Ball
	Granadine Syrup	$\frac{1}{4}$oz		
	Ginger Ale	Fill		
Old Fashioned	Bourbon Whiskey	1$\frac{1}{2}$ oz	Build	Old Fashion
	Cube Sugar	1개		Glass
	Angostura Bitter	2ds		Orange Slice
	Soda Water	약간		& Cherry

칵테일명	재료	분량	방식	잔 / 장식
Brandy Alexander	Brandy	$\frac{1}{2}$oz	Shake	Cocktail Glass
	C/D Cacao	$\frac{1}{2}$oz		
	Fresh Cream	$\frac{1}{2}$oz		
	Sugar	1ts		
Pink Lady	Dry Gin	1oz	Shake	Cocktail Glass
	Granadine Syrup	$\frac{1}{3}$oz		
	Egg White	1개		
	Sugar	1ts		
	Cream	1ts		
	Lemon Juice	$\frac{1}{2}$oz		
Bloody Mary	Vodka	1oz	Build	HighBall
	Worcester Sauce	1ds		
	Tabasco Sauce	2drops		
	Pepper & Salt	약간		
	Tomato Juice	Fill		
Brandy Egg Nogg	Brandy	1oz	Shake	HighBall
	Rum	$\frac{1}{2}$oz	&	Nut Meg 첨가
	Sugar	2ts	Build	
	Egg Whole	1개		
	Fresh Millk	Fill		
Singapore Sling	Dry Gin	1oz	Shake	Highball
	Cherry Brandy	$\frac{1}{3}$oz	&	Orange Slice
	Lemon Juice	$\frac{1}{3}$oz	Build	& Cherry
	Sugar	1ts		
	Soda Water	Fill		

칵테일명	재료	분량	방식	잔/장식
Tom Collins	Dry Gin	1oz	Shake	Collins Glass
	Lemon Juice	$\frac{1}{2}$oz	&	Lemon Slice &
	Sugar	1ts	Build	Cherry
	Soda Water	Fill		
Black Russian	Vodka	1oz	Build	Old Fashion
	Kahlua	$\frac{1}{2}$oz		Glass
Margarita Cocktail	Tequila	1oz	Shake	Cocktail Glass
	Triple Sec	$\frac{1}{3}$oz		Salt Frost
	Lemon Juice	$\frac{1}{3}$oz		
Irish Coffee	Ilish Whiskey	1oz	Build	High Ball
	Cube Sugar	2~3개		
	Hot Coffee	적당량		
	Whipped Cream	적당량		
Rusty Nail	Scotch Whisky	1oz	Build	Old Fashion Glass
	Drambuie	$\frac{1}{2}$oz		Twist Lemon Peel
Brandy Sour	Brandy	1oz	Shake	Sour Glass
	Lemon Juice	$\frac{1}{2}$oz	&	Lemon Slice &
	Sugar	1ts	Build	Cherry
	Soda Water	약간		
Golden Cadillac	Galliano	1oz	Shake	Cocktail Glass
	C/D Cacao(W)	2oz		
	Light Cream	1oz		
Harvey Wallbanger	Vodka	1oz	Build	Collins Glass
	Galliano	$\frac{1}{2}$oz		
	Orange Juice	Fill		

칵테일명	재료	분량	방식	잔 / 장식
Daiquiri	Rum	1oz	Shake	Cocktail Glass
	Lime Juice	$\frac{1}{2}$oz		
	Sugar	1ts		
Kiss of Fire	Vodka	$\frac{1}{2}$oz	Shake	Cocktail Glass
	Sloe Gin	$\frac{1}{2}$oz		Sugar Frost
	Dry Vermouth	$\frac{1}{2}$oz		
	Lemon Juice	2ds		
B & B	Benedictine	$\frac{1}{2}$oz	Float	Liqueur Glass
	Brandy	$\frac{1}{2}$oz		
Orange Blossom	Dry Gin	1oz	Shake	Cocktail Glass
	Orange Juice	$\frac{1}{2}$oz		
New York	Bourbon Whiskey	1oz	Shake	Cocktail Glass
	Lime Juice	$\frac{1}{3}$oz		Orange Squeeze
	Granadine Syrup	1ds		
	Sugar	1ts		
Mai-Tai	Light Rum	1 oz	Build	Old Fashion
	Dark Rum	$\frac{1}{2}$oz		Glass
	Triple Sec	$\frac{1}{2}$oz		Orange Slice &
	Lime Juice	$\frac{1}{2}$oz		Cherry
	Orange Juice	4oz		
	Sugar	1ts		
Bacardi Cocktail	Rum	1oz	Shake	Cocktail Glass
	Lime Juice	$\frac{1}{2}$oz		
	Granadine Syrup	1ts		

칵테일명	재료	분량	방식	잔 / 장식
Screw Driver	Vodka	1oz	Build	HighBall
	Orange Juice	Fill		
Gibson Cocktail	Dry Gin	1oz	Stir	Cocktail Glass
	Dry Vermouth	$\frac{1}{2}$oz		Onion
Sloe Gin Fizz	Sloe Gin	2oz	Shake	HighBall
	Lemon Juice	$\frac{1}{2}$oz		Lemon Slice
	Sugar	1ts		
	Soda Water	Fill		
Cuba Libre	Rum	1oz	Build	High Ball
	Lime Juice	$\frac{1}{4}$oz		
	Cola	Fill		
Grasshopper	C/D de Menthe(W)	$\frac{1}{2}$oz	Shake	Cocktail Glass
	C/D Cacao(W)	$\frac{1}{2}$oz		
	Fresh Cream	$\frac{1}{2}$oz		
Gin Tonic	Dry Gin	1oz	Build	High Ball
	Tonic Water	Fill		Lemon Slice
Rob Roy	Scotch Whisky	1oz	Stir	Cocktail Glass
	Sweet Vermouth	$\frac{1}{2}$oz		Cherry
	Angostura Bitter	1ds		
Zoom Cocktail	Brandy	$\frac{1}{2}$oz	Shake	Cocktail Glass
	Honey	1ts		
	Cream	1ts		
Negroni	Dry Gin	$\frac{1}{2}$oz	Build	Old Fashion
	Sweet Vermouth	$\frac{1}{2}$oz		Glass
	Campari Bitter	$\frac{1}{2}$oz		Orange Slice

칵테일명	재료	분량	방식	잔/장식
Gin Rickey	Dry Gin Lemon Juice Soda Water	1oz $\frac{1}{2}$oz Fill	Build	High Ball Lemon Slice
Side Car	Brandy Triple Sec Lemon Juice	1oz $\frac{1}{3}$oz $\frac{1}{2}$oz	Shake	Cocktail Glass
Gin Fizz	Dry Gin Lemon Juice Sugar Soda Water	1oz $\frac{1}{2}$oz 1ts Fill	Shake & Build	High Ball Lemon Slice
Chi-Chi	Vodka Coconut Syrup Pineapple Juice	1oz 2oz 2oz	Blender (Mix) With Crushed Ice	HighBall Pineapple & Cherry
Between the Sheet	Brandy Rum Triple Sec Lemon Juice	$\frac{1}{2}$oz $\frac{1}{2}$oz $\frac{1}{2}$oz 1ts	Shake	Cocktail Glass
Moscow Mule	Vodka Lime Juice Ginger Ale	1oz $\frac{1}{3}$oz Fill	Build	HighBall
Apricot Cocktail	Apricot Brandy Dry Gin Lemon Juice Orange Juice	$1\frac{1}{2}$oz 1oz $\frac{1}{4}$oz $\frac{1}{4}$oz	Shake	Cocktail Glass

칵테일명	재료	분량	방식	잔 / 장식
Olympic	Brandy	$\frac{1}{2}$oz	Shake	Cocktail Glass
	Triple Sec	$\frac{1}{2}$oz		
	Orange Juice	$\frac{1}{2}$oz		
Honeymoon Cocktail	Apple Brandy	$\frac{1}{2}$oz	Shake	Cocktail Glass
	Benedictine	$\frac{1}{2}$oz		
	Lemon Juice	$\frac{1}{2}$oz		
	Triple Sec	3ds		
Hawaiian Cocktail	Dry Gin	2oz	Shake	Cocktail Glass
	Triple Sec	$\frac{1}{2}$oz		
	Pineapple Juice	1ts		
Paradise Cocktail	Dry Gin	1oz	Shake	Cocktail Glass
	Apricot Brandy	$\frac{1}{2}$oz		
	Orange Juice	$\frac{1}{2}$oz		
Millon Dollar	Dry Gin	1oz	Shake	Cocktail Glass
	Sweet Vermouth	$\frac{1}{2}$oz		
	Pineapple Juice	2ts		
	Granadine Syrup	1ts		
	Egg White	1개		
Spritzer	White Wine	3oz	Build	High Ball
	Soda Water	Fill		
Tequila Sunrise	Tequila	1oz	Build & Float	High Ball
	Orange Juice	Fill		
	Granadine Syrup	2ts		

2004년도 제5회 기출문제

1. canape란 무엇인가 ?

㉮ 식사 전에 먹는 오드볼　　㉯ 통조림식품
㉰ 과자의 일종인 술안주　　㉱ 칵테일의 이름

2. 생선요리에 주로 사용되는 술은 ?

㉮ 위스키　　㉯ 브랜디
㉰ 적포도주　　㉱ 백포도주

힌트) 레드와인은 육류요리, 화이트와인은 생선요리와 잘 어울린다.

3. 다음 중 일반적으로 서빙온도가 가장 높아야 하는 것은 ?

㉮ 소다수　　㉯ 적포도주
㉰ 백포도주　　㉱ 맥주

4. 드래프트 맥주(Draft Beer)란 무슨 뜻인가 ?

㉮ 효모가 살균되어 저장이 가능한 맥주
㉯ 효모가 살균되지 않아 장기저장이 불가능한 맥주
㉰ 제조과정에서 특별히 만든 흑맥주
㉱ 저장이 가능한 병이나 캔 맥주

힌트) 생맥주(Draft Beer), 병맥주(Lager Beer)

5. 세계 4대산 위스키의 산지별 분류 중 틀린 것은 ?

㉮ 불란서의 코냑　　㉯ 스코틀랜드의 스카치위스키
㉰ 캐나디안위스키　　㉱ 미국의 버번위스키

6. 프랑스에 있어 지정지역의 최상 포도주를 무엇이라고 표시하고 있는가?

㉮ V.D.Q.S　　㉯ D.O.C.
㉰ D.O.M.　　㉱ A.O.C.

힌트) Appellation D'origine Contr?le?의 약어이다.

1. ㉮ 2. ㉱ 3. ㉯ 4. ㉯ 5. ㉮ 6. ㉱

7. 다음 중 리큐르(Liqueur)는 어느 것인가 ?

㉮ 버건디(Burgundy) ㉯ 드라이 쉐리(Dry Sherry)
㉰ 코인트루(Cointreau) ㉱ 버어머스(Vermouth)

8. Tequila는 어느 나라의 술인가 ?

㉮ 쿠바 ㉯ 미국
㉰ 멕시코 ㉱ 파나마

9. 조주의 부재료에서 시럽류인 석류열매의 색과 향을 가진 것은 ?

㉮ 그레나딘 시럽(grenadine syrup) ㉯ 메이플 시럽(maple syrup)
㉰ 껌 시럽(gum syrup) ㉱ 플레인 시럽(plain syrup)

10. 일반적으로 레몬(Lemon)과 체리(Cherry)로 장식되는 칵테일은 ?

㉮ Float류 ㉯ Sour류
㉰ Flip류 ㉱ Sling류

11. 혼성주 특유의 향과 맛을 이루는 주재료가 틀린 것은 ?

㉮ 과일 ㉯ 꽃
㉰ 천연향료 ㉱ 곡물

12. 양주 칵테일에 롱 드링크(long drinks)가 있는데 무슨 음료를 혼합하는가?

㉮ 탄산음료 ㉯ 물
㉰ 리큐르 ㉱ 커피

힌트) 롱 드링크 - 8oz 이상이고 숏 드링크 - 6oz미만이다.

13. 1 Gallon 을 Ounce로 환산하면 얼마인가 ?

㉮ 128 oz ㉯ 64 oz
㉰ 32 oz ㉱ 16 oz

힌트) 1 Gallon = 4 Quart = 8 Pound = 128 oz

14. 다음 중 과일즙을 짜내는 기구는 ?

㉮ Muddler ㉯ Strainer
㉰ Squeezer ㉱ Duster

7. ㉰ 8. ㉰ 9. ㉮ 10. ㉯ 11. ㉱ 12. ㉮ 13. ㉮ 14. ㉰

15. American whisky "86 proof"는 우리나라의 주정 도수로는 몇 도인가?

㉮ 23도 ㉯ 33도
㉰ 43도 ㉱ 53도

힌트) Proof = $\frac{1}{2}$%

16. Bourbon Whiskey는 Corn 재료를 몇 % 이상 사용해야만 버번위스키로 구분되는가?

㉮ Corn 90% ㉯ Corn 80%
㉰ Corn 51% ㉱ Corn 40%

17. 칵테일(Cocktail)의 도량 용어와 관계있는 단어는 ?

㉮ 드라이(Dry) ㉯ 대쉬(Dash)
㉰ 쉐이커(Shaker) ㉱ 프로트(Float)

힌트) 1 Dash = 4-5Drop

18. 프랑스의 포도주 생산지가 아닌 것은 ?

㉮ 보르도 지방 ㉯ 브르고뉴 지방
㉰ 보졸레 지방 ㉱ 끼안티 지방

19. Still Wine이란 ?

㉮ 발포성 와인 ㉯ 비발포성 와인
㉰ 식전 와인 ㉱ 식후 와인

20. 다음 중 Long Drink Cocktail인 것은 ?

㉮ 알렉산더 ㉯ 위스키 사워
㉰ 마티니 ㉱ 마이타이

21. 정찬 식사에서 테이블 코스의 육류요리에 잘 어울리는 것은 ?

㉮ White Wine ㉯ Red Wine
㉰ Vermouth ㉱ Champagne

15. ㉰ 16. ㉰ 17. ㉯ 18. ㉱ 19. ㉯ 20. ㉱ 21. ㉯

22. 맥주(Beer)에는 특이한 쓴맛과 향기로 보존성을 증가시키고 또한 맥아즙의 단백질을 제거하는 역할을 하는 원료는 무엇인가 ?

㉮ 효모(east) ㉯ 홉(hop)
㉰ 알콜(alcohol) ㉱ 과당(fructose)

힌트) 홉(hop) : 맥주 양조에 이용되는 것은 루플린이라는 암꽃의 포(苞)인데 이는 맥주의 향과 쌉쌀한 맛을 내고 방부제 역할 및 단백질의 침전효과, 거품을 내는 역할을 한다.

23. 양조주 중 우리나라에서 제조하는 막걸리의 주재료는 ?

㉮ 옥수수 ㉯ 수수
㉰ 보리 ㉱ 쌀

24. 이탈리아 밀라노 지방에서 생산되는 것으로 오렌지와 바닐라 향이 강하며 독특하고 길쭉한 병에 담긴 리큐르는 ?

㉮ 갈리아노(Galliano) ㉯ 퀴멜(Kummel)
㉰ 깔루아(Kahlua) ㉱ 드람부이(Drambuie)

25. 스카치 위스키를 기주로 하여 만들어진 리큐르는 ?

㉮ 샤트르즈 ㉯ 드람부이
㉰ 꼬인뜨로 ㉱ 베네딕틴

26. 탄산음료나 샴페인을 사용하고 남은 일부를 보관 시 사용되는 기구는 ?

㉮ 코스터 ㉯ 스토퍼
㉰ 폴러 ㉱ 코르크

힌트) 코스터(Coaster) - 잔 받침대, 코르크(Cork) - 와인 병마개

27. 얼음을 거르는 기구는 어느 것인가 ?

㉮ Jigger ㉯ Cork Screw
㉰ Pourer ㉱ Strainer

28. 칵테일의 조주형태에 따라 분류한 것 중 적당치 않은 것은 ?

㉮ Fizz ㉯ Sour
㉰ Sling ㉱ Rocks

22. ㉯ 23. ㉱ 24. ㉮ 25. ㉯ 26. ㉯ 27. ㉱ 28. ㉱

29. 비알콜성 음료(non-alcoholic beverage)의 설명으로 맞는 것은?

㉮ 양조주, 증류주, 혼성주로 구분된다.
㉯ 맥주, 위스키, 리큐르(liqueur) 구분된다.
㉰ 소프트, 드링크, 맥주, 브랜디로 구분한다.
㉱ 청량음료, 영양음료, 기호음료로 구분한다.

힌트) 알코올성 음료는 양조주, 증류주, 혼성주로 구분한다.

30. 발효주(양조주)에 속하지 않는 것은?

㉮ Beer ㉯ Sweet Vermouth
㉰ Dry Sherry ㉱ Cognac

힌트)All brandy is not cognac, but all cognac is brandy.

31. 식욕을 돋우기 위해 식전에 마시는 에페리티프(Aperitif)와인은 ?

㉮ Dry Sherry ㉯ Port Wine
㉰ Full-Bodied Red Wine ㉱ Sweet Wine

힌트) 식전주로 주로 사용되는 음료는 Dry하거나 Sour한 맛으로 침샘을 자극하여 소화 효소를 원활히 분비하게 한다.

32. 엔젤스 키스(Angel's Kiss)를 만들 때 사용하는 기물은 ?

㉮ 쉐이커(Shaker) ㉯ 믹싱글라스(Mixing Glass)
㉰ 브랜더(Blender) ㉱ 바 스푼(Bar Spoon)

33. 주장 요원의 직무가 아닌 것은 ?

㉮ 영업장 안의 각종 주류재고량 파악
㉯ 각종 주문전표 확인
㉰ 영업시간 전 준비상태 확인을 위한 각종 부재료 파악
㉱ 음식물 제공여부 점검

34. 헤드 바텐더(Head Bartender)의 가장 주된 임무는 ?

㉮ 각 바(Bar)를 청결하고 정상적인 상태로 영업을 수행할 수 있도록 업무를 지시, 감독한다.
㉯ 모든 주류 및 칵테일을 조주 봉사한다.
㉰ 조주에 필요한 고명(Garnish)을 준비한다.

29. ㉱ 30. ㉱ 31. ㉮ 32. ㉱ 33. ㉱ 34. ㉮

㉱ 보급품, 소모품 등을 창고로부터 보급한다.

35. 코르크 마개로 된 "와인"의 올바른 저장 방법은?

㉮ 세워 두어야 한다. ㉯ 거꾸로 놓아두어야 한다.
㉰ 옆으로 뉘어 두어야 한다. ㉱ 비스듬히 놓아두어야 한다.

힌트) 코르크가 물에 젖으면 팽창하여 공기와의 접촉을 막아준다.

36. 저장관리원칙에 해당되지 않는 것은?

㉮ 저장위치 표시 ㉯ 분류저장
㉰ 품질보전 ㉱ 매상증진

37. 포도주 저장(Aging of wines)을 처음 시도한 나라는?

㉮ 프랑스(France) ㉯ 포르투갈(Portugal)
㉰ 스페인(Spain) ㉱ 그리스(Greece)

38. 파 스톡(Par Stock)에 대한 설명 중 옳은 것은?

㉮ 규정된 1인분의 양 ㉯ 재고통제를 위한 적정 재고량
㉰ 창고의 재고 순환률 ㉱ 바 저장 보관소

힌트) 골프(Golf)에서의 Par처럼 적정재고량을 말한다.

39. 머들러(Muddler)사용 방법 중 맞는 것은?

㉮ Garnish를 꽂아 제공한다.
㉯ 주류 용량을 재는 막대기이다.
㉰ 롱 드링크(Long Drink)서비스 및 칵테일 제공 시 고객이 직접 휘젓기할 수 있게 음료와 함께 제공한다.
㉱ 오렌지나 레몬주스를 짤 때 사용하는 Squeezer이다.

40. 조주재료의 저장에 대한 설명이 틀린 것은?

㉮ 일일 적정 재고량을 설정하여 시행한다.
㉯ 조주재료는 항상 냉장 보관해야 한다.
㉰ 선반시설이 설치되어 Inventory(재고조사)를 편리하도록 해야 한다.
㉱ 원가통제를 위하여 1일 재고를 조사하여 문서상으로 기재 보관해야 한다.

35. ㉰ 36. ㉱ 37. ㉱ 38. ㉯ 39. ㉰ 40. ㉰

41. Happy Hour를 설명한 것 중 맞는 것은 ?

㉮ 사은 특별행사　　㉯ 여흥의 시간대
㉰ 가격 절하 시간대　　㉱ 영업시간 이외의 시간대

42. 쉐이커의 구성 요소가 아닌 것은 ?

㉮ 캡(Cap)　　㉯ 바디(Body)
㉰ 스토퍼(Stopper)　　㉱ 스트레이너(Strainer)

힌트) Stopper는 샴페인과 같은 음료의 탄산가스의 유출을 막기 위해 사용된다.

43. 술을 메져컵(Measure Cup)에 따를 때 많은 양이 흘러서나오는 것을 방지하며 소량만 나오게 하는 기구는 ?

㉮ 포우러(Pourer)　　㉯ 머들러(Muddler)
㉰ 스토퍼(Stoper)　　㉱ 스트로우(Straw)

44. 얼음(Ice)의 종류 중 틀린 것은 ?

㉮ Shaved ice -프라페 스타일의 칵테일에 주로 사용
㉯ Crushed ice -잘게 깬 알갱이 모양의 얼음
㉰ Cubed ice -네모반듯하게 기계로 얼려진 얼음
㉱ Block of ice -1g 정도의 작은 얼음 덩어리

힌트) 칵테일에 사용되는 얼음은 단단하고 투명하며 냄새가 없어야 한다.

45. 블랜드(Blend)의 설명으로 어울리지 않는 것은 ?

㉮ Blender를 사용하여 혼합하는 조주방법
㉯ 일명 믹스하는 칵테일 조주방법
㉰ 진토닉(Gin Tonic)을 만드는 조주방법
㉱ 트로피칼(Tropical)칵테일을 만들 때 주로 사용

힌트) 칵테일의 기본 조주법은 빌드, 스터, 쉐이크, 블랜더이다.

46. 다음 술 중 유효기간이 있는 술은 어느 종류의 술인가 ?

㉮ Rum　　㉯ Liqueur
㉰ Guiness Beer　　㉱ Brandy

힌트) 양조주는 보관기간이 짧고, 알코올 도수가 낮은 특징이 있다.

41. ㉰ 42. ㉰ 43. ㉮ 44. ㉱ 45. ㉰ 46. ㉰

47. Champagne 서브 방법으로 올바른 것은 ?

㉮ 병을 흔들어서 준비한다.
㉯ 따기 전에 충분히 흔들어서 최대로 거품이 많이 나도록 한다.
㉰ 샴페인 쿨러에 얼음과 함께 담아서 흔들리지 않도록 조심하며 운반한다.
㉱ 가능한 코르크를 열 때 소리가 많이 나도록 한다.

48. Mixing Glass를 이용하여 만드는 칵테일은 ?

㉮ Singapore Sling ㉯ Alexander
㉰ Black Russian ㉱ Dry Martini

힌트) 믹싱 글라스는 스터(Stir) 기법으로 조주할 때 사용된다.

49. 칵테일 기구 중 혼합하기 힘든 재료를 잘 섞는 동시에 냉각시키는데 사용되는 기구는 ?

㉮ 스트레이너(Strainer) ㉯ 믹싱컵(Mixing Cup)
㉰ 쉐이커(Shaker) ㉱ 스퀴저(Squeezer)

50. 다음 시럽(Syrup)중 당밀에 나무딸기의 풍미를 가한시럽은 ?

㉮ 그레나딘 시럽(Grenadine Syrup) ㉯ 메이플 시럽(Maple Syrup)
㉰ 라즈베리 시럽(Raspberry Syrup) ㉱ 플레인 시럽(Plain Syrup)

51. Please, select the cocktail based wine in the following?

㉮ Mai-Tai ㉯ Mah-Jong
㉰ Salty-Dog ㉱ Sangria

52. Which is not scotch whisky ?

㉮ Bourbon ㉯ Ballantine
㉰ Cutty sark ㉱ V.A.T.69

53. I f you don't want anything in your liquor, what should you ask for ?

㉮ I' ll have straight scotch. ㉯ I want scotch on the rocks.
㉰ I' ll have scotch with water. ㉱ I' ll have usual scotch.

47. ㉰ 48. ㉱ 49. ㉰ 50. ㉰ 51. ㉱ 52. ㉮ 53. ㉮

54. Please select one of spices in the following.

㉮ Onion ㉯ Mint
㉰ Milk ㉱ Olive

55. Please select one of the Table wine in the following.

㉮ Dry Vermouth ㉯ Sweet Vermouth
㉰ Red Wine ㉱ Dry Wine

56. The post office is _______the Hotel.

㉮ close ㉯ closed by
㉰ close for ㉱ close to

57. 다음 문장의 내용으로 보아 ( )안에 동사형을 바르게 변형시킨 항은 ?

We found (fall)leaves here and there.

㉮ fall ㉯ fell
㉰ fallen ㉱ falling

힌트) 수동의 의미 - 과거 분사형

58. 「한 잔 더 주세요..」에 가장 정확한 영어 표현은 ?

㉮ I' d like other drink. ㉯ I' d like to have another drink.
㉰ I want one more wine. ㉱ I' d like to have the other drink.

힌트) ~하고 싶다 (I' d like to ~)

59. 「무엇을 사시려고 합니까?」의 가장 올바른 표현은?

㉮ What did you buy? ㉯ Are you buy something?
㉰ What would you like buy? ㉱ What would you like to buy?

힌트) like to +동사원형

60. "Where are you going for vacation?"의 대답으로 가장 적당하지 않은 것은?

㉮ up to the mountain ㉯ to learn how to swim
㉰ down to the sea ㉱ look after my son

힌트) look after~ 돌보다

54. ㉯ 55. ㉰ 56. ㉱ 57. ㉰ 58. ㉯ 59. ㉱ 60. ㉱

2005년도 제1회 기출문제

1. 다음 중 데킬라(Tequila)를 주재료로 하지 않고 있는 칵테일은 ?

㉮ Margarita ㉯ Ambassador
㉰ Long Island Iced Tea ㉱ Sangria

힌트) Sangria는 레드 와인을 기주로 만든 칵테일이다.

2. 와인을 주재료(Wine base)로 한 칵테일이 아닌 것은 ?

㉮ 키어(Kir) ㉯ 블루하와이언(Blue hawaiian)
㉰ 스피릿저(Spritzer) ㉱ 미모사(Mimosa)

3. 미국에서 발명한 갈색 청량음료로서 카페인이 커피의 두 배가 함유된 음료는 ?

㉮ 사이다(Cider) ㉯ 콜라(Cola)
㉰ 토닉워터(Tonic water) ㉱ 소다워터(Soda water)

4. 다음 중 꿀(Honey)을 사용하는 칵테일은 ?

㉮ Zoom ㉯ Honeymoon
㉰ Golden cadillac ㉱ Harmony

5. 특히 여름에만 마시는 것으로 소주에다 젯밥을 넣고 여기에 계피, 건강, 향인 등을 넣어 장마가 지고 습한 기운이 있을 때 소화를 돕고 향료가 있는 맛 좋은 고유의 술은?

㉮ 연엽주 ㉯ 춘향주
㉰ 과하주 ㉱ 송순주

6. 브랜디의 숙성정도의 표시로 그 약자가 옳게 설명되지 못한 것은 ?

㉮ V - Very ㉯ P - Pale
㉰ S - Special ㉱ X - Extra

힌트) V - Very, S - Special, O - Old, P - Pale, E - Extra

1. ㉱ 2. ㉯ 3. ㉯ 4. ㉮ 5. ㉰ 6. ㉰

7. 에일(Ale)이란 음료는 ?

㉮ 와인의 일종이다. ㉯ 증류주의 일종이다.
㉰ 맥주의 일종이다. ㉱ 혼성주의 일종이다.

힌트) 에일(Ale), 스타우트(Stout), 포터(Porter) 등은 대표적 상면 발효 맥주이다.

8. 럼(Rum)의 주산지는 ?

㉮ 러시아 ㉯ 카리브해 제도
㉰ 북미지역 ㉱ 아프리카 지역

힌트) 럼은 사탕수수와 당밀이 주 원료가 된다.

9. 다음 중 Straight Glass로 부르지 않는 것은 ?

㉮ Single Glass ㉯ Whisky Glass
㉰ Cocktail Glass ㉱ Shot Glass

10. 맥주 보관 및 관리하는 방법이 잘못된 것은 ?

㉮ 심한 온도 변화를 주지 말고 적정온도에 보관한다.
㉯ 시원하고 그늘진 곳에 보관한다.
㉰ 통풍이 잘 되면 1년 이상도 보관할 수 있다.
㉱ 그늘진 곳에 직사광선을 피하여 변질되지 않도록 보관한다.

힌트) 맥주를 포함한 양조주는 F.I.F.O(선입선출)법으로 관리한다.

11. Bourbon whisky "80 proof"는 우리나라의 주정 도수로 몇 도인가 ?

㉮ 20도 ㉯ 30도
㉰ 40도 ㉱ 50도

12. 잔 주위에 설탕이나 소금 등을 묻혀서 만드는 방법은 ?

㉮ Shaking ㉯ Building
㉰ Floating ㉱ Frosting

힌트) Floating - 빌드 기법 중 띄우기 방법, Frosting - 잔 발림(Snow Style)

13. Cocktail Recipe 계량 중 1Dash는 Drop으로 약 얼마인가 ?

㉮ 35-40 Drop ㉯ 15-20 Drop

7. ㉰ 8. ㉯ 9. ㉰ 10. ㉰ 11. ㉰ 12. ㉱ 13. ㉱

㉰ 25-30 Drop ㉱ 5-10 Drop

14. 다음 중 기호음료(嗜好飮料:Tasting Beverage)가 아닌 것은 ?

㉮ 오렌지 주스(Orange Juice) ㉯ 커피(Coffee)
㉰ 코코아(Cocoa) ㉱ 티(Tea)

15. 다음 리큐르(liqueur) 중 베일리스가 생산되는 곳은 ?

㉮ 스코틀랜드 ㉯ 아일랜드
㉰ 잉글랜드 ㉱ 뉴질랜드

16. 칵테일 조주 시 술이나 부재료, 주스의 용량을 재는 기구로스테인리스제가 많이 쓰이며, 삼각형 30㎖와 45㎖의 컵이 등을 맞대고 있는 기구는 ?

㉮ 스트레이너(Strainer) ㉯ 믹싱글라스(Mixing Glass)
㉰ 지거(Jigger) ㉱ 스퀴저(Squeezer)

17. 미국에서 크라렛(Claret)이란 일반적으로 쓰이는 말이다. 다음 어디에 해당되는가?

㉮ 양주의 총칭이다. ㉯ 칵테일의 총칭이다.
㉰ 백포도주의 총칭이다. ㉱ 적포도주의 총칭이다.

18. 용량이 가장 큰 글라스는 ?

㉮ Cocktail glass ㉯ Champagne glass
㉰ Sour glass ㉱ Collins glass

19. 다음 칵테일을 설명하는 내용으로 합당하지 못한 것은?

㉮ 식욕을 증진시키는 윤활유이다.
㉯ 맛이 있으면 가치가 감소된다.
㉰ 분위기와 예술적 가치를 마시는 것이다.
㉱ 긴장을 풀고 근육을 부드럽게 하고 피곤한 눈에는 다이아몬드와 같은 빛을, 혀에는 미끄러운 작용을 준다.

힌트) 칵테일은 시각, 후각, 미각 모두를 만족시켜주는 음료이다.

20. 세계 4대 위스키가 아닌 것은 ?

㉮ Scotch Whisky ㉯ American Whisky

14. ㉮ 15. ㉯ 16. ㉰ 17. ㉱ 18. ㉱ 19. ㉯ 20. ㉱

㉰ Canadian Whisky ㉱ Japanese Whisky

힌트) Japanese Whisky는 세계 5대 위스키에 속한다.

21. 데킬라(Tequila)주의 원료는 ?

㉮ 호밀(Rye) ㉯ 밀(Wheat)
㉰ 보리(Barley) ㉱ 용설란(Agave)

22. 다음의 칵테일 Grasshopper의 주재료와 부재료는 어느 것이 맞는가?

㉮ Curacao와 Peppermint ㉯ Cacao와 Peppermint
㉰ Brandy와 White mint ㉱ Peppermint와 Bitter

23. 칵테일 기법 중 글라스의 가장자리에 설탕을 찍어 내어 눈송이가 묻은 것 같이 장식하는 방법은 ?

㉮ 플로팅(floating) ㉯ 리밍(rimming)
㉰ 스트레이닝(strainning) ㉱ 포링(pouring)

힌트) rimming = Frosting = Snow Style

24. 버번(Bourbon) 위스키는 어느 나라의 술인가 ?

㉮ 영국 ㉯ 프랑스
㉰ 미국 ㉱ 캐나다

25. 다음에서 장식이 필요 없는 칵테일은 ?

㉮ 김렛(Gimlet) ㉯ 맨하탄(Manhattan)
㉰ 올드펫션(Old Fashioned) ㉱ 싱가폴슬링(Singapore Sling)

26. 포도주의 침전물을 분리하기 위해 사용하는 포도주 담는 용기는 ?

㉮ Goblet ㉯ Tumbler
㉰ Mixing Glass ㉱ Decanter

힌트) 레드와인의 침전물을 가라앉히기 위해 미리 따라놓는 용기.

27. 맨하탄(Manhattan) 칵테일의 기주(Based liqueur)는 ?

㉮ 버번 위스키 ㉯ 스위트 버머스

21. ㉱ 22. ㉯ 23. ㉯ 24. ㉰ 25. ㉮ 26. ㉱ 27. ㉮

㉰ 앙고스트라 비터 ㉱ 스터프드 올리브

힌트) 스카치위스키를 기주로 사용하면 롭 로이(Rob Roy)가 된다.

28. 다음 프랑스 와인의 품질을 나타내는 표시 중 최고의 품질을 나타내는 것은?

㉮ A.O.C. ㉯ Vin de Pays
㉰ V.D.Q.S ㉱ Vin de Table

29. 제스터(Zester)란 무엇에 쓰이는 용기인가?

㉮ 향미를 돋보이게 하는 용기 ㉯ 레몬이나 오렌지를 조각내는 집기
㉰ 얼음을 넣어두는 용기 ㉱ 향미를 보호하기 위한 밀폐되는 용기

30. 쥬니퍼 베리(Juniper Berry)를 넣은 술은 무엇인가?

㉮ Irish Whisky ㉯ Gin
㉰ American Whisky ㉱ Vodka

31. 믹싱 글라스(Mixing glass)를 사용하는 것은?

㉮ Grasshopper ㉯ Rum milk punch
㉰ Martini ㉱ Brandy Alexander

32. 포도주병 마개를 뽑는 기구는?

㉮ Opener ㉯ Squeezer
㉰ Corkscrew ㉱ Bar Spoon

33. 브랜디(Brandy)의 주원료는?

㉮ 보리 ㉯ 포도
㉰ 호프 ㉱ 감자

힌트) 브랜디는 와인을 증류하여 만든다.

34. 칵테일의 종류 중 마가리타(Margarita)의 주원료로 쓰이는 술의 이름은?

㉮ 위스키(Whisky) ㉯ 럼(Rum)
㉰ 데킬라(Tequila) ㉱ 브랜디(Brandy)

힌트) 데킬라 썬라이즈, 마가리타는 데킬라를 기주로 하여 만든 칵테일이다.

28. ㉮ 29. ㉯ 30. ㉯ 31. ㉰ 32. ㉰ 33. ㉯ 34. ㉰

35. 싱가폴 슬링(Singapore Sling) 칵테일의 재료로 적당하지 않은 것은?

㉮ 드라이 진(Dry Gin) ㉯ 체리 브랜디(Cherry-Flavored Brandy)
㉰ 레몬쥬스(Lemon Juice) ㉱ 토닉워터(Tonic Water)

36. 리큐르(liqueur)주 설명 중 틀린 것은?

㉮ 영국, 미국에서는 코르디알(Cordials)이라고도 부른다.
㉯ 술 분류상 혼성주 범주에 속한다.
㉰ 주정(Base liqueur)에다 약초, 과일, 씨, 뿌리의 즙을 넣어서 만든다.
㉱ 위스키(Whiskey)가 대표적인 술이다.

37. 휘젓기(Stirring) 기법에서 재료를 섞거나 차게 할 때 사용되는 기구는?

㉮ 스트레이너(Strainer) ㉯ 믹싱 컵(Mixing Cup)
㉰ 스퀴저(Squeezer) ㉱ 바 스푼(Bar Spoon)

힌트) 믹싱 글라스를 이용하여 바 스푼으로 내용물을 휘젓는 것이다.

38. 와인의 보관에서 주의할 사항이 아닌 것은?

㉮ 와인은 묵힐수록 좋기 때문에 먼저 들어온 것은 오래 묵혀서 판매한다.
㉯ 보관 온도가 일정해야 한다.
㉰ 와인은 눕혀서 보관해야 한다.
㉱ 환기가 잘 되고 빛이 차단되어야 한다.

39. 쉐이커(Shaker)에 대한 설명 중 맞는 것은?

㉮ 재료를 넣고 흔들어 내용물이 잘 혼합될 수 있도록 하는 기구이다.
㉯ 생과즙을 짤 때 사용하는 기구이다.
㉰ 각종 주류를 따를 때 흘리지 않게 하는 기구이다.
㉱ 코르크 마개를 빼낼 때 사용하는 기구이다.

40. 위생적인 관점에서 가장 알맞은 얼음처리 방법은?

㉮ 얼음을 글라스에 넣을 때 손으로 집는다.
㉯ 사용했던 얼음은 씻어서 다시 사용할 수 있다.
㉰ 얼음을 내프킨으로 싸서 집는다.
㉱ 얼음을 아이스 텅(ice tong)으로 집는다.

35. ㉱ 36. ㉱ 37. ㉱ 38. ㉮ 39. ㉮ 40. ㉱

41. 다음 중 바 기물과 가장 거리가 먼 것은?

㉮ 아이스 큐브 메이커(ice cube maker) ㉯ 냉장고(refrigerator)
㉰ 비어 쿨러(beer cooler) ㉱ 디프 프리저(deep freezer)

힌트) deep freezer는 냉동고를 말한다.

42. 소믈리에(Sommelier)의 역할이 아닌 것은?

㉮ 와인을 진열, 점검, 관리한다. ㉯ 와인의 라벨 설명을 고객에게 한다.
㉰ 와인을 주문 받고 정중하게 서브한다. ㉱ 칵테일 조주를 주 업무로 한다.

43. 칵테일은 차게 해서 마셔야 한다. 손의 체온이 전해지지 않도록 사용되는 글라스(Glass)는?

㉮ 실린드리컬 글라스(Cylindrical Glass) ㉯ 스템드 글라스(Stemmed Glass)
㉰ 믹싱 글라스(Mixing Glass) ㉱ 하이볼글라스(Highball Glass)

44. 바텐더가 영업시작 전 준비하지 않아도 되는 업무는?

㉮ 충분한 얼음을 준비한다. ㉯ 글라스의 청결도를 점검한다.
㉰ 적포도주를 냉각시켜 놓는다. ㉱ 과일 등을 준비해 둔다.

45. 음료 관리를 효과적으로 수행하기 위하여 다음과 같은 제도를 쓰고 있다. 다음 중 틀린 것은?

㉮ 저장창고에는 권한이 부여된 사람만이 출입하도록 한다.
㉯ 각 바에는 표준적정재고량을 설정한다.
㉰ 일일 재고조사(Daily Inventory)와 월별 재고조사 제도를 둔다.
㉱ 저장창고에서 주류 불출 시 신속성을 높이기 위하여 구두로 청구 불출한다.

46. Brandy Base Cocktail이 아닌 것은?

㉮ Gibson ㉯ B & B
㉰ Side car ㉱ Zoom

47. 조주 시 기본이 되는 단위는?

㉮ oz(온스) ㉯ g(그람)
㉰ cc(씨씨) ㉱ mg(밀리그람)

41. ㉱ 42. ㉱ 43. ㉯ 44. ㉰ 45. ㉱ 46. ㉮ 47. ㉮

힌트) 1oz = 30mg

48. 양주 중에서 제조하여 숙성시키지 않고 바로 판매할 수 있는 것은 ?

㉮ Gin ㉯ Bourbon
㉰ Ballantine ㉱ Cognac

49. 저장관리 방법 중 F.I.F.O란 ?

㉮ 선입선출 ㉯ 선입후출
㉰ 후입선출 ㉱ 임의불출

힌트) First In First Out의 약어이다.

50. 바(Bar)에 사용되는 글라스(glass) 취급요령 중 맞지 않는 것은 ?

㉮ 글라스는 항상 깨끗하게 반짝거리도록 닦는다.
㉯ 맥주 글라스는 항상 냉장고에 보관하여 서비스 한다.
㉰ 글라스는 식재료 보관 창고에 보관한다.
㉱ 글라스는 불쾌한 냄새나 연기, 먼지, 기름기가 없고 환기가 잘 통하는 장소에 보관한다.

51. Which is the correct one as a base of Pink Lady Cocktail in the following?

㉮ Whisky ㉯ Gin
㉰ Vodka ㉱ Rum

52. Select the cocktail based Gin in the followings.

㉮ Cuba Libre ㉯ Cherry Blossom
㉰ Bulldog Highball ㉱ Cuban Cocktail

53. 다음 괄호에 알맞은 단어는 ?

" Dry gin merely signifies that the gin lacks (   )."

㉮ sweetness ㉯ sourness
㉰ bitterness ㉱ hotness

54. 다음 ( ) 안에 적당한 말은 ?

「Would you care ( ) a drink ? 」

㉮ to ㉯ toward

48. ㉮ 49. ㉮ 50. ㉰ 51. ㉯ 52. ㉰ 53. ㉮ 54. ㉱

㉰ against　　㉱ for

55. Which one is made with vodka, orange juice and galliano ?

㉮ Horse' s Neck　　㉯ Harvey Wallbanger
㉰ Punch　　㉱ Paradise Cocktail

56. When is your check-out time?

㉮ 호텔의 투숙시간은 언제입니까?　　㉯ 호텔의 퇴실시간은 언제입니까?
㉰ 호텔의 청소시간은 언제입니까?　　㉱ 호텔의 조찬시간은 언제입니까?

57. 다음 (　)안에 들어갈 말은 ?

I' ll come to (　) you up this evening.

㉮ pick　　㉯ have
㉰ keep　　㉱ take

58. What is the name of coffee liqueur ?

㉮ Triple Sec　　㉯ Kalhua
㉰ Drambuie　　㉱ Cherry Brandy

59. 「먼저 하세요.」라고 양보할 때 쓰는 영어 표현은 ?

㉮ Before you, please.　　㉯ Follow me, please.
㉰ After you, please.　　㉱ Let' s go.

60. 다음 중 It을 잘못 사용한 것은?

㉮ It' ll take about 15 minutes by bus.
㉯ It seems we don' t have your reservation.
㉰ It' s yesterday that I met her.
㉱ It is very dark

힌트) 지나간 시제 - It was

55. ㉯ 56. ㉯ 57. ㉮ 58. ㉯ 59. ㉰ 60.㉰

2005년도 제2회 기출문제

1. 샴페인에 대한 설명 중 맞는 것은 ?

㉮ 불란서 샴파뉴산 포도주　　㉯ 독일의 샴파뉴산 포도주
㉰ 이탈리아 샴파뉴산 포도주　　㉱ 스페인 샴파뉴산 포도주

힌트) 프랑스 샴파뉴 지방에서 생산된 스파클링 와인을 말한다.

2. 1510년 불란서 Fecamp 사원에서 성직자가 만든 술로서 D.O.M이라고도 불리어지며 주정도가 43도인 혼성주는 ?

㉮ 샤르뜨뢰즈(Chartreause)　　㉯ 베네딕틴(Benedictine)
㉰ 드람뷔이(Drambuie)　　㉱ 코인트루(Cointreau)

힌트) Deo Optimo Meximo의 약어로 최고 최선의 신께 바치는 술이다.

3. 다음은 어떤 리큐르에 대한 설명인가 ?

「이태리 리큐르로 살구씨를 물과 함께 증류하여 향초 성분과 혼합하고 시럽을 첨가해서 만든 리큐르 」

㉮ 체리브랜디(Cherry Brandy)　　㉯ 큐라소(Curacao)
㉰ 아마레토(Amaretto)　　㉱ 티아 마리아(Tia Maria)

4. 위스키(Whisky)를 만드는 과정이 올바른 순서는 ?

㉮ Aging -Fermentation -Distillation -Mashing
㉯ Mashing -Fermentation -Distillation -Aging
㉰ Mashing -Distillation -Fermentation -Aging
㉱ Aging -Distillation -Fermentation -Mashing

5. 데킬라 선라이즈를 만들 때 필요치 않은 것은 ?

㉮ 데킬라　　㉯ 진
㉰ 오렌지 주스　　㉱ 그레나딘 시럽

1. ㉮ 2. ㉯ 3. ㉰ 4. ㉯ 5. ㉯

6. 파 스톡(Par stock)이란 무엇인가 ?

㉮ 적정 재고량 ㉯ 총판매량
㉰ 매출원가 ㉱ 재고정리

7. 다음 중 식욕촉진 와인(Aperitif drink)으로 가장 적당한 것은?

㉮ Dry Sherry Wine ㉯ White Wine
㉰ Red Wine ㉱ Port Wine

8. 다음 중 원산지가 프랑스인 술은?

㉮ 아브상(Absinthe) ㉯ 큐라소(Curacao)
㉰ 깔루아(Kahlua) ㉱ 드람뷔이(Drambuie)

9. 다음 중 Rum Base 칵테일(Cocktail)은 ?

㉮ Dubonnet Cocktail ㉯ Bacardi Cocktail
㉰ Honeymoon Cocktail ㉱ Knock-out Cocktail

10. 다음 술 중 리큐르가 아닌 것은 ?

㉮ Cointreau ㉯ Seagrams V.O
㉰ Anisette ㉱ Benedictine

11. 스카치위스키의 원산지는 ?

㉮ 네덜란드 ㉯ 잉글랜드
㉰ 스코틀랜드 ㉱ 아일랜드

힌트) 아메리카위스키 - 미국, 스카치위스키 - 스코틀랜드, 아일리쉬위스키 - 아일랜드, 캐나디언위스키 - 캐나다

12. 깁슨(Gibson)을 만들 때 필요치 않는 기구는 ?

㉮ 바 스트레이너(Bar strainer) ㉯ 믹싱 글라스(Mixing glass)
㉰ 바 스푼(Bar spoon) ㉱ 레몬 스퀴저(Lemon squeezer)

힌트) 깁슨은 스터 기법으로 조주한다.

13. 다음 중 인공감미료(人工甘味料)는 ?

㉮ 그래뉼레이트슈거(granulated sugar) ㉯ 사카린나트륨(saccharin natrium)

6. ㉮ 7. ㉮ 8. ㉮ 9. ㉯ 10. ㉯ 11. ㉰ 12. ㉱ 13. ㉯

㉰ 큐브슈거(cube sugar)　　㉱ 파우더슈거(powder sugar)

14. 1 Pint는 Ounce로 환산하면 얼마인가 ?

㉮ 32 oz　　㉯ 16 oz

㉰ 8 oz　　㉱ 4 oz

힌트) 1Gallon = 4Quart = 8Pint

15. Snifter에는 일반적으로 어떤 음료를 제공하는 것이 가장 좋은가 ?

㉮ Soft Drink　　㉯ Cocktail Drink

㉰ Mixed Drink　　㉱ Armagnac 종류

16. 커피 컵 중 데미타제(Demitasse)컵의 크기는 ?

㉮ 일반 커피 컵의 1/2 크기　　㉯ 일반 커피 컵의11/3크기

㉰ 일반 커피 컵과 동일한 크기　　㉱ 5온스들이 컵의 크기

17. 탄산가스와 무기염료가 함유된 탄산수로 천연광천수와 인공적으로 가공하여 만든 것 2가지가 있다. 주로 하이볼 종류의 칵테일을 만들 때 사용하며, 연하고 작은 거품이 나며 가스의 지속성이 오래 가서 시원함을 느끼게 하는 탄산음료는?

㉮ 칼린스 믹스(collins mix)　　㉯ 콜라(cola)

㉰ 소다수(soda water)　　㉱ 에비안(evian water)

힌트) evian water, Vichy water, Seltzer water는 세계 3대 미네랄 광천수이다.

18. 칵테일의 조주목적에 적합하지 않은 것은 ?

㉮ 시각적인 효과를 얻는다.　　㉯ 식사할 때 같이 마신다.

㉰ 술을 부드럽게 만든다.　　㉱ 미각적인 효과를 얻는다.

19. 다음 중 cordials가 아닌 것은 ?

㉮ 베네딕틴(Benedictine)　　㉯ 코인트루(Cointreau)

㉰ 크림 데 카카오(Creme de Cacao)　　㉱ 진(Gin)

힌트) 리큐르는 코디얼이라고도 하며 혼성주의 일종이다.

14. ㉯ 15. ㉱ 16. ㉮ 17. ㉰ 18. ㉯ 19. ㉱

20. Non-Stem 글라스는 어느 것인가?

㉮ 리큐르 글라스　　㉯ 칵테일 글라스
㉰ 고블렛　　㉱ 텀블러

21. 다음 중 비알콜성 음료의 분류가 아닌 것은?

㉮ 기호 음료　　㉯ 청량 음료
㉰ 영양 음료　　㉱ 유성 음료

22. 1 pony는 몇 ounce인가?

㉮ 1 ounce　　㉯ $1\frac{1}{2}$ ounces
㉰ 2 ounces　　㉱ 3 ounces

23. 다음은 무엇에 대한 설명인가?

「목탄과 모래로 여과하고 무색, 무취로 칵테일 기주로 많이 사용한다.」

㉮ 진(Gin)　　㉯ 데킬라(Tequila)
㉰ 보드카(Vodka)　　㉱ 럼(Rum)

힌트) 보드카는 무색, 무미, 무취의 술로 자작나무 활성탄으로 여러 번 여과하여 냄새를 제거한다.

24. 스카치위스키(Scotch Whisky)의 주원료는?

㉮ 호밀　　㉯ 옥수수
㉰ 보리　　㉱ 감자

25. 다음 와인 중 맛에 따른 분류는?

㉮ Fortified Wine　　㉯ Aperitif Wine
㉰ Medium Dry Wine　　㉱ Aromatized Wine

26. 다음 중 미국을 대표하는 리큐르(liqueur)는?

㉮ 슬로우 진(Sloe Gin)　　㉯ 리카르드(Ricard)
㉰ 사우던 컴포트(Southern Comfort)　　㉱ 크림 데 카카오(Creme de cacao)

27. 다음 중 리큐르(liqueur) 제조 시 향유 혼합법은?

㉮ 증류법(Distillation)　　㉯ 침출법(Infusion)

20. ㉱ 21. ㉱ 22. ㉮ 23. ㉰ 24. ㉰ 25. ㉰ 26. ㉰ 27. ㉰

㉰ 에센스법(Essences) ㉱ 여과법(Filtration)

28. Million Dollar의 주재료는 ?

㉮ Scotch whisky ㉯ Rum
㉰ Bourbon whisky ㉱ Gin

29. Daiquiri Frozen의 주재료와 부재료는 어느 것인가 ?

㉮ Grenadine syrup과 Lime juice ㉯ Vodka와 Lime juice
㉰ Rum과 Lime juice ㉱ Brandy와 Grenadine syrup

힌트) Frozen 스타일은 Crushed(잘게 부순 얼음) 얼음을 사용하여 만든 칵테일이다.

30. 칵테일 조주방법에서 플로팅(Floating)으로 적합한 설명은 ?

㉮ 재료의 비중을 이용하여 띄우는 것이다.
㉯ 칵테일 글라스 가장자리에 설탕을 묻히는 방법이다.
㉰ 증류주에 불을 붙이는 방법이다.
㉱ 얼음을 갈아 칵테일을 차갑게 만드는 것이다.

31. 월말 인벤토리(inventory)는 무슨 조사인가 ?

㉮ 재고량 ㉯ 매상고
㉰ 순수익 ㉱ 월 경비

32. 맥주 서브 시 거품이 글라스 윗부분에 생기도록(Nice head of foam)하여야 한다. 그 이유 중 틀린 것은 ?

㉮ 모양도 좋고 시원한 느낌을 준다.
㉯ 탄산가스의 증발을 억제하여 맥주의 맛을 증진시킨다.
㉰ 거품 없이 따른 맥주보다 더 적게 마실 수 있다.
㉱ 거품 없이 따른 맥주보다 맛이 좋다.

힌트) 맥주의 거품은 맥주에 녹아있는 탄산을 미리 이끌어 내어 배부름을 적게 하고, 공기와의 접촉을 막아주어 맥주가 산화되는 것을 억제해주는 효과가 있다.

33. 고객께서 위스키를 주문하시고, 얼음과 함께 콜라나 소다수, 물 등을 원할 때 제공하는 글라스는 ?

28. ㉱ 29. ㉰ 30. ㉮ 31. ㉮ 32. ㉰ 33. ㉯

㉮ 와인 디켄터(Wine Decanter) ㉯ 칵테일 디켄터(Cocktail Decanter)
㉰ 칼린스 글라스(Collins Glass) ㉱ 칵테일 글라스(Cocktail Glass)

34. 영업을 위한 준비작업 사항 중 틀린 것은 ?

㉮ 영업개시 전에 그날의 필요품을 보급 수령한다.
㉯ 조주에 필요한 장식품들은 영업종료 후 다음날 것을 미리 준비한다.
㉰ 모든 청소는 영업개시 전에 반드시 완료한다.
㉱ 영업 종료 후에 부패성이 있는 쓰레기를 즉시 치운다.

35. 바(Bar)업무능률 향상을 위한 시설물 설치 방법 중 옳지 않는 것은 ?

㉮ 칵테일 얼음은 바(Bar)작업대 옆에 보관한다.
㉯ 바(Bar)의 수도시설은 믹싱 스테이션(Mixing Station)바로 후면에 설치한다.
㉰ 냉각기(Cooling Cabinet)는 주방에 설치한다.
㉱ 얼음제빙기는 가능한 바(Bar)내에 설치한다.

힌트) 칵테일은 바텐더에 의해 주장(Bar)에서 신속하게 만들어져 손님에게 제공하여야 한다.

36. 다음 중 쉐이커(shaker)를 사용하여야 하는 것은?

㉮ 브랜디 알렉산더(Brandy Alexander)
㉯ 드라이 마티니(Dry Martini)
㉰ 올드 훼숀(Old fashioned)
㉱ 크렘데 멘트 푸라페(Creme de Menthe frappe)

37. 음료메뉴(Beverage list) 설정방법 중 가장 적당치 못한 것은?

㉮ 경영 정책을 음료에 포함시킨다.
㉯ 내용이 충실하며 고가로 판매할 수 있어야 한다.
㉰ 계절감을 채택하여야 한다.
㉱ 이미지(Image)개선을 위해 특별 칵테일을 고안 판매한다.

38. Cocktail party에 안주로 사용되는 것으로 가장 어울리는 것은?

㉮ 오렌지(orange) ㉯ 레몬(lemon)
㉰ 체리(cherry) ㉱ 카나페(canape)

34. ㉯ 35. ㉰ 36. ㉮ 37. ㉯ 38. ㉱

39. 다음 중 Ice Equipment 가 아닌 것은?

㉮ Ice Pail ㉯ Ice Scoop
㉰ Ice Tong ㉱ Ice Knife

40. 주장설비 조건과 관계가 없는 것은 ?

㉮ 조명과 음악의 조화 ㉯ 바텐더의 인체 조건의 참조
㉰ 바텐더의 활동공간의 필요 ㉱ 분위기와 시설이 업장에 알맞은 구조

41. 효과적인 음료통제제도로 부적당한 것은 ?

㉮ 주문 시에는 서면구매 청구서를 사용한다.
㉯ 검수 시에는 송장과 구매 청구서를 대조, 체크한다.
㉰ 영속적인 재고조사 시스템을 둔다.
㉱ 바의 간이 창고에는 한달분의 재료를 저장한다.

힌트) Par Stock - 1일 적정 재료량

42. 믹싱 글라스(mixing glass)의 설명으로 맞지 않는 것은 ?

㉮ 바 글라스(bar glass)라고 부른다.
㉯ 재료를 혼합하거나 차게 할 때 사용한다.
㉰ 머들러(muddler)를 사용, 음료를 혼합한다.
㉱ 세이커(shaker)를 사용, 재료를 섞이게 한다.

43. 술의 손실방지 및 술을 따를 때 용이하게 하는 기구는 ?

㉮ Squeezer ㉯ Pourer
㉰ Muddler ㉱ Decanter

44. 바(bar)에서 사용한 글라스(glass)세척에 대한 설명이 아닌 것은 ?

㉮ 글라스 세척용 중성세제를 사용한다.
㉯ 두 번 이상 헹군다.
㉰ 세척한 글라스는 잔의 테두리를 잡고 운반한다.
㉱ 세척한 글라스는 종류별로 보관한다.

힌트) 글라스는 입에 닫는 부위를 손으로 만지지 않는다.

39. ㉱ 40. ㉯ 41. ㉱ 42. ㉱ 43. ㉯ 44. ㉰

45. 설탕, 계란 등을 이용하는 칵테일에 필요한 기구는 ?

㉮ 믹싱글라스(Mixing Glass)
㉯ 스트레이너(Strainer)
㉰ 스퀴저(Squeezer)
㉱ 세이커(Shaker)

46. 위생적인 음료 취급이 아닌 것은 ?

㉮ 맥주와 맥주글라스는 차갑게 보관된 것을 서브한다.
㉯ 글라스는 반드시 1/3 하단 부분을 손끝으로 가볍게 쥐어 서브한다.
㉰ 와인을 따를 때 글라스에 와인 병이 닿아야 한다.
㉱ 와인을 따를 때 테이블 크로스에 와인 방울이 떨어지지 않도록 한다.

47. 음료저장 관리방법 중 선입선출(FIFO)의 원칙을 철저히 준수하여야 하는 술은?

㉮ 위스키(Whisky)
㉯ 생맥주(Draft Beer)
㉰ 보드카(Vodka)
㉱ 진(Gin)

힌트) 맥주와 같은 양조주는 오래 보관할 수 없기 때문에 이를 꼭 지켜야 한다.

48. 다음 기물 중 조주 상에 사용되는 술 계량기는 ?

㉮ 하이볼(high ball)
㉯ 바-스트레이너(bar strainer)
㉰ 머들러(muddler)
㉱ 지거(jigger)

49. 바(Bar)영업을 하기 위한 준비사항이 아닌 것은 ?

㉮ 칵테일(Cocktail)에 필요한 가니쉬(Garnish)를 만든다.
㉯ CO_2가스를 체크한다.
㉰ 스프볼(Soup Bowl)을 준비한다.
㉱ 글라스를 Handling 한다.

50. 칵테일 용어 중 트위스트(Twist)란 무엇인가 ?

㉮ 칵테일 내용물이 춤을 추듯 움직임
㉯ 과육을 제거하고 껍데기만 짜 넣음
㉰ 주류 용량을 잴 때 사용하는 기물
㉱ 칵테일에서 2온스를 의미하는 말

51. "Which do you like better, tea or coffee?"의 대답으로 나올 수 있는 문장은?

㉮ Tea
㉯ Tea and coffee
㉰ Yes Tea
㉱ Yes coffee

힌트) or - 둘 중 하나선택

45. ㉱ 46. ㉰ 47. ㉯ 48. ㉱ 49. ㉰ 50. ㉯ 51. ㉮

52. I am afraid you have the ( )number.(전화 잘못 거셨습니다.)

위 글의 ( )에 들어갈 적당한 말은?

㉮ incorrect ㉯ wrong
㉰ missed ㉱ busy

53. 다음 문장에서 의미하는 것은?

"This is produced in Italy and made with apricot and almonde "

㉮ Amaretto ㉯ Absinthe
㉰ Anisette ㉱ Angelica

54. 다음 ( )안에 적당한 단어는?

"( )is the chemical process in which yeast breaks down sugar in solution into carbon dioxide and alcohol."

㉮ Distillation ㉯ Fermentation
㉰ Classification ㉱ Evaporation

55. "Not all food is good to eat."의 올바른 해석은?

㉮ 모든 음식은 먹기에 좋지 않다.
㉯ 모든 음식이 먹기에 다 좋은 것은 아니다.
㉰ 모든 음식은 먹을 수 없다.
㉱ 어떤 음식이든지 다 먹기에 좋다.

56. 다음 중 밑줄 친 부분의 뜻은?

"You are in good shape for a 50-year-old man."

㉮ handsome ㉯ smart
㉰ healthy ㉱ young

57. 다음 ( )안에 알맞은 단어는?

Are you interested in ( )?

㉮ make cocktail ㉯ made cocktail
㉰ making cocktail ㉱ a making cocktail

힌트) 전치사 뒤에는 동명사, 혹은 명사형

52. ㉯ 53. ㉮ 54. ㉯ 55. ㉯ 56. ㉰ 57. ㉰

58. Which is the correct one as a base of Rusty nail in the following ?

㉮ Gin　　㉯ Whisky
㉰ Rum　　㉱ Vodka

59. 다음 중 Ice bucket 에 해당되는 것은 ?

㉮ Ice pail　　㉯ Ice tong
㉰ Ice pick　　㉱ Ice pack

60. "초청해주셔서 감사합니다."의 가장 올바른 표현은 ?

㉮ Thank you for inviting me.　　㉯ Thank you for invitation me.
㉰ It was thanks that you call me.　　㉱ Thank you that you invited me.

힌트) thank you for + 동명사

58. ㉯ 59. ㉮ 60. ㉮

2005년도 제5회 기출문제

1. 다음 중 멕시코산 증류주는?

㉮ Irish whisky ㉯ Tequila
㉰ Bourbon ㉱ White horse

힌트) Tequila는 멕시코의 국민주이다.

2. 호프(HOF)는 무엇을 제조하는데 사용하는 원료인가?

㉮ 진(Gin) ㉯ 위스키(Whisky)
㉰ 페퍼먼트(Peppermint) ㉱ 비어(Beer)

3. 독일와인의 분류 중 가장 고급와인의 등급표시는?

㉮ Q.B.A. ㉯ Tafelwein
㉰ Landwein ㉱ Q.M.P

힌트) Qualitats ?ein Mit Pradikat의 약어이다.

4. 다음 진(Gin)의 종류가 아닌 것은?

㉮ Tanpueray ㉯ Beefeater
㉰ Absolute ㉱ Gilbey`s

힌트) Absolute는 스웨덴에서 생산되는 대표적 보드카 브랜드이다.

5. 다음 중 기호음료는?

㉮ Fruit Juice ㉯ Vegetable juice
㉰ Milk ㉱ Tea, coffee

힌트) 비 알코올성 음료는 청량음료, 영양음료, 기호음료로 분류된다.

6. Standard recipes를 설정하는 목적에 대한 설명 중 틀린 것은?

㉮ 원가계산을 위한 기초를 제공한다. ㉯ 바텐더에 대한 의존도를 높여 준다.
㉰ 품질과 맛을 유지시킨다. ㉱ 노무비를 절감할 수 있다.

1. ㉯ 2. ㉱ 3. ㉱ 4. ㉰ 5. ㉱ 6. ㉯

7. 푸즈 카페(Pousse cafe) 칵테일은 각 재료의 비중을 이용하여 만드는 칵테일이다. 다음 중 그 순서가 올바르게 된 것은?

㉮ Grenadine-Creme de Cacao-Peppermint-White Curacao
㉯ Violet-Peppermint-Maraschino-Grenadine
㉰ 노른자-Grenadine-Maraschino-Champagne
㉱ Benedictin-Kirschwasser-Curacao

힌트) 음료의 비중 차이를 이용하여 만든 칵테일로 비중이 큰 것이 가라앉는다.

8. 프렌치 버머스(french Vermouth)에 대한 설명으로 옳은 것은?

㉮ 특유한 풍미를 가지고 있는 담색의 무감미주
㉯ 특유한 풍미를 가지고 있는 담색 감미주
㉰ 특유한 풍미를 가지고 있는 적색 감미주
㉱ 특유한 풍미를 가지고 있는 적색 무감미주

9. Dom perignon은 다음 중 무엇과 관계가 있는가?

㉮ Champagne ㉯ Bordeaux
㉰ Martini Rossi ㉱ Menu

힌트) 프랑스에서 샴페인을 최초로 발견한 사람이다.

10. 위스키 더블(whisky double)일 때의 표준용량은?

㉮ 25ml ㉯ 30ml
㉰ 60ml ㉱ 80ml

11. 슬로우 진(Sloe Gin)의 설명 중 옳은 것은?

㉮ 리큐르의 일종이며 진(Gin)의 종류이다.
㉯ 오얏나무 열매성분을 진(Gin)에 첨가한 것이다
㉰ 보드카(Vodka)에 그레나딘 시럽을 첨가한 것이다.
㉱ 아주 천천히 분위기 있게 먹는 칵테일이다.

12. 다음의 사항 중 술과 체이서(chaser)로서 잘 어울리지 않는 것은?

㉮ 위스키 - 광천수 ㉯ 진 - 토닉워커
㉰ 보드카 - 시드르 ㉱ 럼 - 오렌지 주스

7. ㉮ 8. ㉮ 9. ㉮ 10. ㉰ 11. ㉯ 12. ㉰

13. 하면 발효 맥주가 아닌 것은?

㉮ Lager Beer ㉯ Porter Beer
㉰ Pilsen Beer ㉱ Munchen Beer

힌트) 대부분이 하면발효맥주이나 Ale, Stout, Porter는 대표적 상면 발효 맥주이다.

14. 혼성주(Compounded Liqueur)를 나타내는 것은?

㉮ 과일 중에 함유된 과당에 효모를 적용시켜서 발효하여 만든 술
㉯ 곡류 중에 함유된 전분을 전분당화효소로 당화 시킨 후 효모를 작용시켜 발효하여 만든 술
㉰ 각기 다른 물질의 다른 기화점을 이용하여 양조주를 가열하여 얻어낸 농도 짙은 술
㉱ 증류주 혹은 양조주에 초근목피, 향료, 과즙, 당분을 첨가하여 만든 술

15. 쉐이커(Shaker)를 사용한 후 가장 적당한 보관방법은?

㉮ 사용 후 물에 담가 놓는다.
㉯ 사용할 때 씻어서 사용한다.
㉰ 사용 후 씻어서 물이 빠지도록 몸통과 스트레이너를 분리하여 엎어 놓는다.
㉱ 씻어서 뚜껑을 닫아서 보관한다.

16. 다음 술 중 주재료가 틀린 술 한 가지는?

㉮ Grand Marnier ㉯ Campari
㉰ Triple Sec ㉱ Cointreau

힌트) Curacao, Grand Marnier, Cointreau, Triple Sec등은 오렌지가 재료가 된 리큐르이다.

17. 양주 칵테일에서 롱 드링크(long drinks)는 다음 중 어느 글라스에 담는 것이 가장 적당한가?

㉮ Sherry Glass ㉯ Highball Glass
㉰ Cocktail Glass ㉱ Champagne Glass

18. 버번위스키(Bourbon Whiskey) 80 Proof는 우리나라 주정 도수로 몇 도인가?

㉮ 35도 ㉯ 40도
㉰ 45도 ㉱ 50도

13. ㉯ 14. ㉱ 15. ㉰ 16. ㉯ 17. ㉯ 18. ㉯

19. 조선시대 정약용의 지봉유설에 전해오는 이것을 마시면 불로장생한다 하여 장수주(長壽酒)로 유명하며 주로 찹쌀과 구기자, 고유약초로 만들어진 우리나라 고유의 술은?

㉮ 두견주 ㉯ 백세주
㉰ 문배주 ㉱ 이강주

20. 프라페(Frappe)를 만들 때 사용하는 얼음은?

㉮ Cubed ice ㉯ Shaved ice
㉰ Cracked ice ㉱ Block of ice

힌트) Frappe는 잘게 부순 얼음을 이용하여 조주한 칵테일이다.

21. Blue Bird 라는 칵테일은 어떤 종류의 글라스를 사용하는가?

㉮ Tumbler Glass ㉯ Sour Glass
㉰ Old Fashion Glass ㉱ Cocktail Glass

22. 다음 중 생선요리와 가장 잘 어울리는 술은?

㉮ 적포도주 ㉯ 백포도주
㉰ 샴페인 ㉱ 꼬냑

23. 다음 칵테일 중 After Drink로 적당하지 않은 것은?

㉮ Rusty nail ㉯ B & B
㉰ Bloody Mary ㉱ Alexander

힌트) 식후주로 이용되는 음료는 Sweet한 맛이 많이 나는 것이 좋다.

24. 상그리아(Sangria) 칵테일의 주재료는?

㉮ Red wine ㉯ White wine
㉰ Brandy ㉱ Triple sec

25. 칵테일은 얼음에 잘 냉각되어 있지 않으면 안 된다. 따라서 손으로 체온이 전해지지 않도록 이용하여 제공하는 글라스는?

㉮ 스템드 글라스 ㉯ 하이볼 글라스
㉰ 실린더리컬 글라스 ㉱ 믹싱 글라스

19. ㉮ 20. ㉯ 21. ㉱ 22. ㉯ 23. ㉰ 24. ㉮ 25. ㉮

26. 칵테일 가니쉬로 적당치 않는 것은?

㉮ 체리 ㉯ 오렌지
㉰ 올리브 ㉱ 컬리플라워

27. 심플시럽(Simple Syrup)을 만드는 데 필요한 것은?

㉮ 레몬(Lemon) ㉯ 버터(Butter)
㉰ 시나몬(Cinnamon) ㉱ 설탕(Suger)

28. 숙성을 거쳐서 완성되는 술로 알맞은 것은?

㉮ Tequila ㉯ Grappa
㉰ Gin ㉱ Brandy

힌트) 브랜디와 위스키는 오랜 숙성을 거쳐 원숙한 풍미를 지니게 되는 증류주이다.

29. 러시안(Russian) 칵테일의 재료로 적합한 것은?

㉮ 보드카 ㉯ 드라이진
㉰ 올드톰진 ㉱ 카카오

30. 우리나라 대표적인 고급위스키로 간주되는 것으로 고려시대에 왕실에 진상되었으며, 이것은 일체의 첨가물 없이 조와 찰수수만으로 전통의 비법에 따라 빚어내는 순곡의 증류식 소주는?

㉮ 문배주 ㉯ 백세주
㉰ 두견주 ㉱ 과하주

31. 맥주(Beer) 저장 장소로서 부적당한 곳은?

㉮ 저장실 온도가 20℃ 이상 유지되는 곳
㉯ 통풍이 잘 되고 건조한 장소
㉰ 직사광선이 들어오지 않는 곳
㉱ 온도변화가 심하지 않는 곳

힌트) 맥주는 직사광선을 피해 바람이 잘 통하는 서늘한 곳에 보관하여야 한다.

32. 칵테일 재료 중 시럽류(Syrup)에서 석류를 사용해 만든 시럽은?

㉮ 플레인 시럽(Plain Syrup) ㉯ 검 시럽(Gum Syrup)

26. ㉱ 27. ㉱ 28. ㉱ 29. ㉮ 30. ㉮ 31. ㉮ 32. ㉰

㉰ 그레나딘 시럽(Grenadine Syrup)　　㉱ 메이플 시럽(Mayple Syrup)

33. 계란, 설탕 등이 들어가는 칵테일을 혼합할 때 사용하는 기구는?

㉮ Hand Shaker　　㉯ Mixing Glass
㉰ Strainer　　㉱ Jigger

힌트) 세이크 기법은 잘 섞이지 않는 칵테일의 재료를 혼합하거나 냉각시키기 위해 사용된다.

34. 조주의 방법 중 스터링(Stirring)이란 ?

㉮ 칵테일을 차게 만들기 위해 믹싱 글라스에 얼음을 넣고 바 스푼으로 휘저어 만드는 것
㉯ 쉐이킹으로는 얻을 수 없는 차가운 맛의 칵테일을 만드는 방법
㉰ 칵테일을 완성시킨 후 향기를 가미시키는 것
㉱ 글라스에 직접 재료를 넣어 만드는 칵테일 방법

35. 다음 사항 중 파 스톡(par stock)을 측정 자료로 사용하지 않는 것은?

㉮ 영업매상(sales revenue)　　㉯ 고객취향(customer tastes)
㉰ 일일소비량(daily consumption)　　㉱ 고 회전 품목(quickly moving item)

36. Cock Screw의 사용용도는?

㉮ 와인 병따개용　　㉯ 병마개용
㉰ 와인보관용 그릇　　㉱ 잔 받침대

37. 칵테일을 컵에 따를 때 얼음이 들어가지 않도록 걸러 주는 기구는?

㉮ Shaker　　㉯ Strainer
㉰ Stick　　㉱ blender

38. 생맥주 취급의 3대 원칙이 아닌 것은?

㉮ 적당한 온도　　㉯ 적정 압력
㉰ 철저한 청결　　㉱ 장기 저장

힌트) 양조주는 보관기간이 짧고 알코올 도수가 낮은 것이 특징이다.

39. 주장요원이 글라스를 잡을 때 어느 부분을 잡아야 가장 위생적으로 합당한가?

㉮ 글라스의 상단　　㉯ 글라스의 입술 닿는 가장자리
㉰ 글라스의 하단　　㉱ 글라스의 전 부분

33. ㉮ 34. ㉮ 35. ㉯ 36. ㉮ 37. ㉯ 38. ㉱ 39. ㉰

40. 위스키(Whisky)나 버머스(Vermiuh) 등을 언 더 락스(On the rocks)로 제공할 때 준비하는 글라스는?

㉮ Highball Glass
㉯ Old Fashioned Glass
㉰ Cocktail Glass
㉱ Liquer Glass

41. 바(BAR)의 조직체계가 갖추어진 곳에서의 바텐더의 직무로 보기가 가장 어려운 것은?

㉮ 각종 기계류의 작동상태를 점검하며, 칵테일 부재료 등을 준비한다.
㉯ 음료에 대한 충분한 지식을 숙지하여야 한다.
㉰ 영업 시작 전에 모든 영업 준비가 완료되어 있어야 한다.
㉱ 음료의 입고와 출고를 관리하며, 적정재고를 파악하여 보급 및 관리 책임을 진다.

42. 칵테일의 분류 중 맛에 따른 분류에 속하지 않는 것은?

㉮ 스위트 칵테일(Sweet Cocktail)
㉯ 샤워 칵테일(Sour Cocktail)
㉰ 드라이 칵테일(Dry Cocktail)
㉱ 에페리티프 칵테일(Aperitif Cocktail)

힌트) 식전주와 식후주의 분류는 칵테일의 용도에 따른 분류이다.

43. 위생적인 주류 취급방법으로 옳지 않은 것은?

㉮ 병맥주는 깨끗하게 닦아서 냉장고에 보관한다.
㉯ Glass는 물기 있는 그래도 보관한다.
㉰ 한 번 사용한 칼과 도마는 소독기에 반드시 소독을 한 후 보관한다.
㉱ Garnish는 냉장 보관한다.

44. 판매하다 남은 것을 오래 보관할 수 없는 것은?

㉮ 포도주
㉯ 진
㉰ 보드카
㉱ 꼬냑

45. 다음 중 믹싱 글라스와 가장 밀접한 것은?

㉮ Shaker
㉯ Cocktail Glass
㉰ Bar Spoon
㉱ Champagne Glass

46. Cocktail Shaker에 넣어서는 안 될 재료는 ?

40. ㉯ 41. ㉱ 42. ㉱ 43. ㉯ 44. ㉮ 45. ㉰ 46. ㉯

㉮ 럼(Rum)
㉯ 소다수(Soda Water)
㉰ 우유(Milk)
㉱ 계란 흰자위

힌트) 탄산이 들어 있는 음료를 함께 넣고 흔들면 폭발할 위험이 있다.

47. 조주 시 기본이 되는 단위는?

㉮ cc(씨씨)
㉯ g(그람)
㉰ oz(온스)
㉱ mg(밀리그람)

48. 디켄터(Decanter)를 필요로 하는 것은?

㉮ White wine
㉯ Rose wine
㉰ Brandy
㉱ Red wine

힌트) 레드 와인의 침전물을 제거하기 위해 사용된다.

49. 주장(bar) 경영에서 의미하는 "happy hour"를 올바르게 설명한 것은?

㉮ 가격할인 판매시간
㉯ 연말연시 축하 이벤트 시간
㉰ 주말의 특별행사 시간
㉱ 단골고객 사은 행사

50. 병맥주 재고 순환(stock rotation)은?

㉮ 재고품의 진열위치를 정기적으로 변경함
㉯ 원가가 낮은 것부터 사용하여 소비함
㉰ 구매가가 높은 것부터 사용하여 소비함
㉱ 구입순서에 따라 사용하여 소비함

힌트) F.I.F.O(선입선출)법에 따라 관리한다.

51. 여럿이 술을 마실 때 「마시던 걸로 전부 한 잔씩 더 돌리시오.」라고 하고 싶을 때의 가장 적당한 영어 표현은?

㉮ We' d like to have another round, please.
㉯ Please give us same drink.
㉰ We want the other round of drinks.
㉱ Let us have them again.

힌트) round - 한 차례돌기

47. ㉰ 48. ㉱ 49. ㉮ 50. ㉱ 51. ㉮

52. 다음 ______ 에 들어갈 가장 알맞은 것은?

A : " Why didn't john go there yesterday ?"

B : "John didn't go there ______ it rained."

㉮ because of ㉯ because

㉰ owing to ㉱ due to

힌트) 전치사 뒤엔 절(주어+동사) 올 수 없음.

53. 다음 중에서 소프트드링크에 해당되지 않는 것은?

㉮ Lemon squash ㉯ Ginger ale

㉰ wine cooler ㉱ Lemonade

54. Which one is the cocktail containing gin, vermouth, and olive ?

㉮ Vodka tonic ㉯ Gin tonic

㉰ Manhattan olive ㉱ Martini

55. What is meaning of a walk-in guest ?

㉮ A guest with no reservation.

㉯ Guest on charged instead of reservation guest

㉰ By walk-in guest

㉱ Guest that checks in through the front desk

56. "당신은 무엇을 찾고 있습니까?" 의 올바른 표현은?

㉮ What are you look for ? ㉯ What do you look for ?

㉰ What are you looking for ? ㉱ What is you looking for ?

힌트) 현재진행형 ~ing

57. Which country does Bailey's come from ?

㉮ Scotland ㉯ Ireland

㉰ England ㉱ New Zealand

58. Shaker is composed of three parts.

Which of the following is not one of them ?

52. ㉯ 53. ㉰ 54. ㉱ 55. ㉮ 56. ㉰ 57. ㉯ 58. ㉯

㉮ cap ㉯ top
㉰ strainer ㉱ body

59. Which is the correct one as a base of side car in the following ?

㉮ Bourbon whisky ㉯ Brandy
㉰ Gin ㉱ Vodka

60. What is the meaning of port wine ?

㉮ Port wine is Italian red wine ㉯ Port wine is Portugal wine
㉰ Port wine is d Chile wine ㉱ None of the above

59. ㉯ 60. ㉯

2006년도 제2회 기출문제

1. 혼합하기 어려운 재료를 섞거나 프로즌 드링크를 만들 때 쓰는 기구 중 가장 적합한 것은?

㉮ 쉐이커 ㉯ 블랜더
㉰ 믹싱 글라스 ㉱ 믹서

힌트) 프로즌 스타일의 칵테일은 잘게 갈은 얼음을 사용하여 만든 것이다.

2. 양조주가 아닌 술은?

㉮ 소주 ㉯ 적포도주
㉰ 맥주 ㉱ 청주

3. 살구의 냄새가 나는 달콤한 증류주는 어느 것인가?

㉮ Apricot Brandy ㉯ Anisette
㉰ Cherry Brandy ㉱ Amer

4. 다음은 어떤 위스키에 대한 설명인가?

[옥수수를 51% 이상 사용하고 연속식 증류기로 알콜 농도 40% 이상 80% 미만으로 증류하는 위스키]

㉮ 스카치위스키(Scotch Whisky)
㉯ 버번위스키(Bourbon Whisky)
㉰ 아이리쉬위스키(Irish Whisky)
㉱ 카나디언위스키(Canadian Whisky)

5. 칵테일의 기능에 따른 분류 중 롱 드링크(Long Drink)가 아닌 것은?

㉮ 피나 콜라다(Pina colada) ㉯ 마티니(Martini)
㉰ 톰 칼린스(Tom Collins) ㉱ 치치(Chi Chi)

힌트) 롱 드링크 - 8oz 이상, 숏 드링크 - 6oz 미만

1. ㉱ 2. ㉮ 3. ㉮ 4. ㉯ 5. ㉯

6. 위스키가 기주로 쓰이지 않는 칵테일은?

㉮ 뉴욕(New York) ㉯ 로브 로이(Rob Roy)
㉰ 블랙러시안(Black Russian) ㉱ 맨하탄(Manhattan)

힌트) 러시안의 칵테일은 보드카를 기주로 한다.

7. 일반적으로 핑크레이디 칵테일에 사용되지 않는 재료는?

㉮ 진 ㉯ 그레나딘시럽
㉰ 베네딕틴 ㉱ 계란흰자

8. 다음 중 조선시대의 대표적인 술이 아닌 것은?

㉮ 오가피주 ㉯ 백하주
㉰ 죽통주 ㉱ 도화주

9. 진(Gin) 베이스로 들어가는 칵테일이 아닌 것은?

㉮ Gin Fizz ㉯ Screw Driver
㉰ Dry Martini ㉱ Gibson

10. 스팅거(Stinger)라는 칵테일의 주재료와 부재료는 각각 무엇인가?

㉮ Brandy와 Mint ㉯ Gin과 Vermouth
㉰ Brandy와 Cacao ㉱ Whisky와 Cream

11. 다음 품목 중 청량음료(Soft Drink)에 속하는 것은?

㉮ 탄산수(Sparkling Water) ㉯ 생맥주(Draft Beer)
㉰ 톰 칼린스(Tom Collins) ㉱ 진 피즈(Gin Fizz)

12. 코냑은 무엇으로 만든 술인가?

㉮ 보리 ㉯ 옥수수
㉰ 포도 ㉱ 감자

힌트) 브랜디는 와인을 증류하여 만든다.

13. 적색 포도주(Red Wine)병의 바닥이 요철로 된 이유는?

㉮ 보기 좋게 하기 위하여 ㉯ 안전하게 세우기 위하여
㉰ 용량표시를 쉽게 하기 위하여 ㉱ 찌꺼기가 이동하는 것을 방지하기 위하여

6. ㉰ 7. ㉰ 8. ㉮ 9. ㉯ 10. ㉮ 11. ㉮ 12. ㉰ 13. ㉱

힌트) Decanter를 사용하여 침전물을 제거하기도 한다.

14. 경북 안동의 전통주로 한가위 차례상에서 빼 놓을 수 없는 제수품이며, 조상께 올리는 술로 오랜 세월을 이어오며 조상의 숨결이 스며있는 전통 민속주는?

㉮ 백세주 ㉯ 과하주
㉰ 안동소주 ㉱ 연엽주

15. 다음 중 Onion 장식을 하는 칵테일은?

㉮ 마가리타(Margarita) ㉯ 마티니(Martini)
㉰ 로브 로이(Rob Roy) ㉱ 깁슨(Gibson)

힌트) Olive장식을 하면 마티니가 된다.

16. 다음 리큐르(Liqueur) 중 그 용도가 다른 것은?

㉮ 드람뷔이(Drambuie) ㉯ 갈리아노(Galliano)
㉰ 시나(Cyna) ㉱ 코인트루(Cointreau)

17. 꼬냑의 등급 중에서 최고급품은?

㉮ V.S.O.P ㉯ Napoleon
㉰ X.O ㉱ Extra

18. 크림이나 계란의 비린 냄새를 제겨하는 용도로 사용하는 칵테일 부재료는 무엇인가?

㉮ 클로브(Clove) ㉯ 타바스코 소스(Tabasco Sauce)
㉰ 넛맥(Nutmeg) ㉱ 페퍼(Pepper)

19. Cream De Cacao로 만들 수 있는 칵테일이 아닌 것은?

㉮ Cacao Fizz ㉯ Mai - Tai
㉰ Alexander ㉱ Grasshopper

20. 생강을 주원료로 만든 것은?

㉮ 진저엘 ㉯ 토닉워터
㉰ 소다수 ㉱ 파워에이드

14. ㉰ 15. ㉱ 16. ㉰ 17. ㉱ 18. ㉰ 19. ㉯ 20. ㉮

21. 맨하탄(Manhattan) 칵테일을 담아 제공하는 글라스로 가장 적합한 것은?

㉮ 샴페인 글라스(Champagne Glass) ㉯ 칵테일 글라스(Cocktail Glass)
㉰ 하이볼 글라스(Highball Glass) ㉱ 온 더 락 글라스(On the Rock Glass)

22. 일반적으로 스테인리스 재질로 삼각형 컵이 등을 맞대고 있으며, 바에서 칵테일 조주 시 술이나 주스, 부재료 등의 용량을 재는 기구는?

㉮ 바 스푼(Bar Spoon) ㉯ 머들러(Muddler)
㉰ 스트레이너(Strainer) ㉱ 지거(Jigger)

23. 칵테일 부재료로 사용되고 매운 맛이 강한 향료로서 주로 토마토 주스가 들어가는 칵테일에 사용되는 것은?

㉮ 넛맥(Nutmeg) ㉯ 타바스코 소스(Tabasco Sauce)
㉰ 민트(Mint) ㉱ 클로브(Clove)

힌트) 블러드 메리에 사용되는 재료이다.

24. 오렌지를 주원료로 만든 술이 아닌 것은?

㉮ Triple Sec ㉯ Tequila
㉰ Cointreau ㉱ Grand Marnier

25. 칵테일 장식에 대한 설명 중 잘못된 것은?

㉮ 어떻게 장식해야 하는 것은 일정한 규정에 따라야 하므로 조주원의 개성을 표현하지 않는다.
㉯ 잘 알려진 칵테일에는 표준 레시피에 어떤 장식을 하라는 지시가 나와 있다.
㉰ 재료의 배합비율이 같아도 장식에 따라 명칭이 달라지는 것도 있다.
㉱ 신선한 재료를 청결한 칼로 예쁘게 썰어 칵테일의 분위기를 살린다.

26. 진(Gin)에 대한 설명 중 틀린 것은?

㉮ 진의 원료는 대맥, 호밀, 옥수수 등 고물을 주원료로 한다.
㉯ 무색투명한 증류주이다.
㉰ 증류 후 1-2년간 저장(Age)한다.
㉱ 두송자(Juniper Berry)를 사용하여 착향시킨다.

힌트) 진(Gin)은 일반적으로 숙성을 시키지 않는다.

21. ㉯ 22. ㉱ 23. ㉯ 24. ㉯ 25. ㉮ 26. ㉰

27. 아쿠아비트(Aquavit)에 대한 설명 중 틀린 것은?

㉮ 감자를 당화시켜 연속 증류법으로 증류한다.
㉯ 마실 때는 차게 하여 식후주에 적합하다.
㉰ 맥주와 곁들여 마시기도 한다.
㉱ 진(Gin)의 제조 방법과 비슷하다.

28. 영국에서 발명한 무색투명한 음료로서 레몬, 라임, 오렌지, 키니네 등으로 엑기스를 만들어 당분을 배합한 것으로 열대지방에서 일하는 노동자들의 식욕부진과 원기를 회복하기 위해 제조되었던 것이며, 제2차 세계대전 후 진(Gin)과 혼합하여 진 토닉을 만들어 세계적인 음료로 환영받고 있는 것은?

㉮ 미네랄수(Mineral Water) ㉯ 사이다(Cider)
㉰ 토닉수(Tonic Water) ㉱ 칼린스 믹스(Collins Mix)

29. 계란, 밀크, 시럽 등의 부재료가 사용되는 칵테일을 만드는 방법은?

㉮ Mix ㉯ Stir
㉰ Shake ㉱ Float

힌트) 잘 섞이지 않는 재료를 혼합하거나 내용물을 냉각시키기 위해 사용된다.

30. 일반적으로 양주병에 80proof라고 표기되어 있는 것은 알콜도수 몇 도에 해당하는가?

㉮ 주정도 80%(80도)라는 의미이다. ㉯ 주정도 40%(40도)라는 의미이다.
㉰ 주정도 20%(20도)라는 의미이다. ㉱ 주정도 10%(10도)라는 의미이다.

31. 와인의 빈티지(Vintage) 이란?

㉮ 숙성기간 ㉯ 발효기간
㉰ 포도의 수확년도 ㉱ 효모의 배합

32. 위스키의 설명 중 틀린 것은?

㉮ 생명의 물이란 의미를 가지고 있다.
㉯ 보리, 밀, 옥수수 등의 곡류가 주원료이다.
㉰ 주정을 이용한 혼성주이다.
㉱ 원료 및 제법에 의하여 몰트 위스키, 그레인 위스키, 블렌디드 위스키로 분류한다.

27. ㉯ 28. ㉰ 29. ㉰ 30. ㉯ 31. ㉰ 32. ㉰

33. 재고 관리상 쓰이는 F.I.F.O 란 용어의 뜻은?

㉮ 정기 구입 ㉯ 선입 선출
㉰ 임의 불출 ㉱ 후입 선출

34. 칵테일의 기본기법이 아닌 것은?

㉮ 직접 넣기(Building) ㉯ 휘젓기(Stirring)
㉰ 띄우기(Floating) ㉱ 플레어(Flair)

힌트) Flair는 바텐더의 쇼맨쉽으로서 고객에게 즐거움을 주기 위한 일련의 행위이다.

35. 와인을 선택할 때 집중적으로 고려해야 할 사항으로 가장 적당한 것은?

㉮ 가격, 종류, 숙성년도, 병의 크기
㉯ 산지, 수확년도, 브랜드명, 요리와의 조화
㉰ 제조회사, 가격, 장소, 발효기간
㉱ 브랜드명, 병의 색깔, 가격, 와인 색깔

36. 혼성주에 대한 설명으로 오렌지 껍질을 원료로 만들어지는 술의 이름은

㉮ 깔루아(Kahlua) ㉯ 크림 드 카카오(Cream De Cacao)
㉰ 큐라소(Curacao) ㉱ 드람뷔이(Drambuie)

37. 포도주(Wine)의 분류 중 색에 따른 분류에 포함되지 않는 것은?

㉮ 레드 와인(Red Wine) ㉯ 화이트 와인(White Wine)
㉰ 블루 와인(Blue Wine) ㉱ 로제 와인(Rose Wine)

38. 코스터(Coaster)의 용도는?

㉮ 잔 닦는 용 ㉯ 술 저장 창고
㉰ 남은 술 보관용 ㉱ 병마개 따는 용

39. 바(Bar) 영업에 있어 필요치 않는 것은?

㉮ 냉장시설과 제빙시설 ㉯ 술 저장 창고
㉰ 작업 공간 ㉱ 린넨 창고

힌트) 린넨은 커튼이나 침대용 시트, 테이블 천, 타올 등을 말한다.

33. ㉯ 34. ㉱ 35. ㉯ 36. ㉰ 37. ㉰ 38. ㉯ 39. ㉱

40. 다음 중 디켄터(Decanter)와 가장 관계있는 것은?

㉮ Red Wine ㉯ White Wine
㉰ Champagne) ㉱ Sherry Wine

41. 캔에 들은 주스를 사용하고 남았다. 가장 적당한 취급 관리 방법은?

㉮ 캔에 남은 채로 냉장고에 보관한다.
㉯ 캔에 남은 것은 8℃의 냉장고에 보관한다.
㉰ 캔에 남은 것은 다른 병에 담아 냉장고에 보관한다.
㉱ 캔에 남은 것은 다른 스테인리스 용기에 담아 냉장고에 보관한다.

42. 칵테일 조주 시 레몬이나 오렌지 등을 즙으로 짤 때 사용하는 기구는?

㉮ 스퀴저(Squeezer) ㉯ 머들러(Muddler)
㉰ 쉐이커(Shaker) ㉱ 스트레이너(Strainer)

43. Wine Steward의 주 임무는?

㉮ 와인 구매 ㉯ 와인 판매
㉰ 와인 관리 ㉱ 와인 검수

힌트) Wine Steward는 소믈리에(Sommelier)라고도 불리 운다.

44. 조주시 필요한 쉐이커(Shaker)의 3대 구성 요소의 명칭이 아닌 것은?

㉮ 믹싱(Mixing) ㉯ 보디(Body)
㉰ 스트레이너(Strainer) ㉱ 캡(Cap)

45. 바텐더가 지켜야 할 바(Bar)에서의 예의로 가장 올바른 것은?

㉮ 정중하게 손님을 환대하며 고객이 기분이 좋도록 Lip Service를 한다.
㉯ 자주 오시는 손님에게는 오랜 시간 이야기 한다.
㉰ Second Order를 하도록 적극적으로 강요한다.
㉱ 고가의 품목을 적극 추천하여 손님의 입장보다 매출에 많은 신경을 쓴다.

46. 주장(Bar)을 의미하는 것이 아닌 것은?

㉮ 술을 중심으로 한 음료 판매가 가능한 일정시설을 갖추어 판매하는 공간
㉯ 고객과 바텐더 사이에 놓인 널판을 의미
㉰ 프런트 바에서 주문과 서브가 이루어지는 고객들의 이용 장소

40. ㉮ 41. ㉰ 42. ㉮ 43. ㉯ 44. ㉮ 45. ㉮ 46. ㉱

㉱ 조리 가능한 시설을 갖추어 음료와 식사를 제공하는 장소

47. 설탕 프로스팅(Sugar Frosting)할 때 준비해야 하는 것은?

㉮ 레몬(Lemon)　㉯ 오렌지(Orange)
㉰ 얼음(Ice)　㉱ 꿀(Honey)

48. 다음 음료 중 서비스 온도가 가장 낮은 것은?

㉮ 백포도주　㉯ 보드카
㉰ 위스키　㉱ 브랜디

49. 럼(Rum)의 특징을 설명한 것 중 틀린 것은?

㉮ 사탕수수를 압착하여 액을 얻는다.　㉯ 헤비 럼(Heavy Rum)은 감미가 높다.
㉰ 효모(Yeast)를 첨가하여 만든다.　㉱ 감자로 만든 증류주이다.

50. 와인 병을 눕혀서 보관하는 가장 적당한 이유는?

㉮ 숙성이 잘 되게 하기 위해서　㉯ 침전물을 분리하기 위해서
㉰ 맛과 멋을 내기 위해서　㉱ 색과 향이 변질되는 것을 방지하기 위해서

힌트) 코르크는 물에 젖으면 팽창하여 공기와의 접촉을 막아주어 병 속의 내용물이 산화되는 것을 방지시켜 준다.

51. 다음 B에 알맞은 대답은?

A : What do you do for a living?
B :

㉮ I' m writing a letter to my mother　㉯ I can' t decide
㉰ I work at bank　㉱ Yes, thank you

힌트) 직업

52. 다음 (　)안에 들어갈 가장 적당한 표현은?

If you (　) him, he will help you.

㉮ asked　㉯ will ask
㉰ ask　㉱ be ask

힌트) 가정법 현재 - If절엔 동사원형 사용

47. ㉮ 48. ㉮ 49. ㉱ 50. ㉱ 51. ㉰ 52. ㉰

53. 다음 ( )안에 적당한 말은?

I' d like a table ( ) three, please.
(3인용 테이블 하나 원합니다.)

㉮ against ㉯ to
㉰ from ㉱ for

힌트) ~ 위하여

54. Which one is the cocktail containing "Midri"?

㉮ Cacao fizz ㉯ Jun bug
㉰ Rusty nail ㉱ Blue note

55. 다음( )안에 들어갈 적당한 말은?

" Let me see the wine list. you have both domestic and ( ), don' t you?"(국산과 수입품)

㉮ imported ㉯ international
㉰ export ㉱ external

56. 다음 전치사 중에서( )안에 알맞은 것은?

「 You are wanted ( ) the phone. 」

㉮ in ㉯ on
㉰ of ㉱ for

57. Which cocktail names "Freedom"?

㉮ God mother ㉯ Cuba libre
㉰ God father ㉱ French kiss

58. 칵테일 만들 때 「Would you like it dry?」에서 dry의 뜻은?

㉮ not wet ㉯ sweet
㉰ not sweet ㉱ wet

59. What is the negative characteristic in taste and finish of wine?

㉮ flat ㉯ full - bodies

53. ㉱ 54. ㉯ 55. ㉮ 56. ㉯ 57. ㉯ 58. ㉰ 59. ㉮

㉰ elegant ㉱ pleasant

60. Which one is made with rum, strawberry liqueur, lime juice, grenadine syrup?

㉮ strawberry daiquiri ㉯ strawberry comfort
㉰ strawberry colada ㉱ strawberry kiss

60. ㉮

●참고문헌

장인식, 조주기능해설, 기문사, 2001

장인식, 음료이야기, 기문사, 2005

백재현 · 윤호영, 바텐더와 칵테일, 2005

백재현, 양주와 칵테일론, 형설출판사, 1998

조성문외, 칵테일이야기, 광문각, 2004

원융희, 현대인과 칵테일, 형설출판사, 서울, 1994

한국 관광식음료학회, 음료학개론, 백산출판사, 서울, 1999

홍영택, 최태영, 실무 칵테일백과, 삼지사, 서울, 2000

이정학, 주류학개론, 기문사, 2004

류중호, 칵테일 만들기, 넥서스 Books, 2004

이종기, 술을 알면 세상이 즐겁다. 한송, 1998

피에르 푸케 외, 술의 역사, 한길사, 2000

▶Web site

http://www.cocktailnara.com

http://cafe.daum.net/westernguy

http://cafe.daum.net/forbartenders

http://user.chol.com/~chhbin/

http://www.barflair.org

http://www.flairbar.com

FLAIR & CLASSIC
21C 바텐더와 칵테일 실무

●발행일
2006년 6월 1일 초판 인쇄
2006년 6월 15일 초판 발행

●저 자
한 상 진

●발행인
한 인 환

●발행처
도서출판 **기문사**
서울시 동대문구 용두2동 730-4번지 홍신빌딩 3층
전 화 : 02) 2265-7214, 922-8662~8663
팩 스 : 02) 922-8772
등 록 : 1978. 8. 9. NO. 6-0637

●인 쇄
신 창 사

KIMOONSA

〈정가 : 17,000원〉

ISBN : 89-7723-275-9 93590
homepage : www.kimoonsa.co.kr
e-mail : book@kimoonsa.co.kr

※본서의 무단전제 또는 복제행위는 저작권법 제 98조에 의거
5년 이하의 징역 또는 5,000만원 이하의 벌금에 처하게 됩니다.

■저자와의 협의하에 인지를 생략합니다.